50576

PARIS. — IMPRIMERIE DE SB
rue des Jeûneurs, n.

E. T. A. HOFFMANN.

ŒUVRES COMPLÈTES.

TOME ONZIÈME.

TABLE DES MATIÈRES

CONTENUES

DANS CETTE LIVRAISON.

PREMIER VOLUME.

L'Enchaînement des Choses.
La Convalescence.
Les Passions.

DEUXIÈME VOLUME.

Le comte Hyppolite.
La Fiancée du Roi.

TROISIÈME VOLUME.

Les singulières Tribulations d'un Directeur de Théâtre, première partie.

QUATRIÈME VOLUME.

Les singulières Tribulations, etc., deuxième part.
Le Joueur d'échecs.

PARIS. — IMPRIMERIE DE SELLIGUE,
rue des Jeûneurs, n. 14.

ŒUVRES COMPLÈTES

DE

E.T.A. HOFFMANN,

TRADUITES DE L'ALLEMAND

PAR M. THÉODORE TOUSSENEL,

ET PAR LE TRADUCTEUR

Des Romans de Veit-Wéber.

TOME ONZIÈME.

PARIS.

Jules Lefebvre et Compagnie, Éditeurs,
rue des Grands-Augustins, n° 18.

M. D. CCC. XXX.

SINGULIÈRES

TRIBULATIONS

D'UN DIRECTEUR DE THÉATRE ;

Par l'auteur des pièces fantastiques

A LA MANIÈRE DE CALLOT.

TOME I.

PARIS, IMPRIMERIE DE GAULTIER-LAGUIONIE,
Rue de Grenelle-St-Honoré, 55.

PRÉFACE.

Il y a environ douze ans, il arriva à l'éditeur de cet ouvrage à peu près la même aventure qu'à M. Grunhelm daus le monde renversé de Tieck. Une époque aussi féconde en grands événements devait naturellement amener quelque bouleversement dans son existence. Or, il advint que le sort le força à ne plus se contenter du rôle de simple spectateur, l'exila du parterre, où il avait trouvé une place bien commode, et lui fit faire un saut non pas hors du théâtre, mais bien dans l'orchestre, où il devint chef de la musique. Ce théâtre était celui de Bamberg.

Il y était très bien placé pour voir à son aise les étranges tribulations de ce petit monde qui s'agitait derrière le rideau et dans les coulisses. Les observations que ce spectacle lui suggéra, et surtout les confidences amicales d'un honnête directeur de théâtre dont il fit la connaissance dans l'Allemagne méridionale, lui fournirent l'idée de cette conversation entre deux directeurs, avant même qu'il eût repris son ancienne place au milieu des spectateurs du parterre.

L'ouvrage d'Hoffman, dont nous

PRÉFACE.

publions en ce moment la traduction, peut être considéré comme une véritable poétique du drame. Après avoir lu *le Pot d'or* et *Maître Puce*, on ne sera pas peu surpris de rencontrer sur son passage un parallèle entre Shakespeare et Schiller, la critique la plus rationelle de leurs ouvrages, et quelques unes de ces grandes questions qui agitent et divisent nos différentes écoles littéraires, de les voir toujours posées et le plus souvent résolues dans l'intérêt de la raison et de l'art.

Hoffmann vécut long-temps à Berlin, où il était le conseil de tous les jeunes artistes. Ce furent ses avis qui guidèrent au début de sa carrière une cantatrice enlevée naguère aux dilettanti parisiens. Mademoiselle Sontag fut son élève.

Des fragments de ces conversations qui furent par la suite réunis en un seul ouvrage, avaient déjà été publiés dans des journaux morts et oubliés. Aussi Hoffmann prie-t-il le lecteur de n'y point chercher des discussions approfondies sur les représentations théâtrales, mais seulement des remarques fugitives, des observations détachées sur ce monde à part qu'on appelle le théâtre.

Ce serait en vain que les Allemands voudraient trouver dans la société nouvelle et contemporaine les originaux de ces portraits qui appartiennent à une époque depuis long-temps écoulée. Le lecteur se tromperait s'il croyait à des allusions, à des personnalités formellement désavouées par Hoffman. Il était, quand il écrivit son ouvrage, trop préoccupé de l'art dramatique pour chercher cette petite et étroite satire qui ne s'attaque qu'aux personnes. Sa critique est plus grande, plus large; elle tombe sur les masses, sur les choses, jamais sur les individus.

SINGULIÈRES

TRIBULATIONS

D'UN DIRECTEUR DE THÉATRE.

Le jour de St-Denis, c'est-à-dire le 9 octobre, sur les onze heures de la matinée, il régnait un silence de mort à la *Couronne-de-Rue*, célèbre auberge de la ville libre impériale de R.; un étranger d'un certain âge, d'une taille moyenne, couvert d'une redingote de drap brun le plus fin, prenait solitairement son déjeuner dans un coin de la chambre. Son visage offrait une expression de tranquillité et de contentement intérieur; toute son attitude, tous ses mouvements, étaient faciles et dégagés. Il s'était fait donner une bouteille de vieux vin de France et avait tiré de sa poche un manuscrit qu'il lisait avec une grande attention, après en avoir noté une foule d'endroits avec un crayon rouge; puis il vidait son verre et mangeait un biscuit. Tantôt un sourire fin et ironique se jouait sur ses lèvres, tantôt il fronçait le sourcil d'un air sombre et sévère, tantôt portait les yeux en haut, comme enfoncé dans une profonde méditation; tantôt enfin levait les épaules ou secouait la tête comme égaré ou absorbé dans ses pensées. Qui, à ce portrait, n'eût reconnu dans cet homme un écrivain venu sans doute à R..., pour y exposer sur un brillant théâtre les produits de son esprit?

Le silence qui régnait dans la chambre de l'auberge fut interrompu d'une manière plaisante. La porte s'ouvrit avec bruit, et alors entra précipitamment un individu couvert d'un habit gris d'une coupe moderne, le chapeau sur la tête et des lunettes sur le nez. « Du champagne et une douzaine d'huitres, » cria-t-il, et il se jeta dans un fauteuil sans remarquer l'homme à l'habit brun. Il lut un billet qu'il tenait à la main, le déchira et le foula sous ses pieds; puis il se mit à rire, mais d'un rire concentré qui marquait la fureur, se frappa le front avec le poing, et murmura : « rendez-moi insensible! insensible! la vie d'un galérien est délicieuse en comparaison de mes malheurs. » L'hôte avait servi le champagne; l'homme gris s'en versa plusieurs verres de suite; tira une multitude de lettres, les ouvrit et en accompagna la lecture de jurements et de malédictions : tout son extérieur inspirait l'intérêt le plus vif et la sympathie la plus profonde. Il avait à peine passé les dernières années de la jeunesse; mais son visage pâle et sillonné par le chagrin, son œil distrait, ses boucles blanches qui tranchaient vivement sur des cheveux châtains, le faisaient paraître plus vieux qu'il ne devait l'être réellement d'après ses manières et ses mouvements. C'était sans doute pour se faire illusion, ou pour oublier, du moins pour un moment, les coups affreux du sort qui lui présageait sa ruine qu'il versait verre sur verre. Il avait déjà vidé sa bouteille, et en demandait une seconde, quand l'hôte apporta les huîtres. « Fini! murmurat-il entre ses dents; fini! quel mortel sur la terre aurait la force, le courage d'endurer de telles souffrances? » Il se mit à manger ses huîtres; mais à peine avait-il avalé la seconde et bu par-dessus un verre de champagne, qu'il retomba les bras croisés dans son fauteuil, leva les yeux au ciel et dit, avec le ton de la plus profonde tristesse : « Je veux tout abandonner,—tout et me.... — je rendrai à l'éternelle puissance ces atomes qu'elle a assemblés pour le plaisir ou la douleur. — Hélas! mes rêves étaient si doux, si doux!—s'il durait encore ce rêve..... Ce sont ces illusions qui permettent aux infortunés d'atteindre la vieillesse. » Les yeux de l'homme gris étaient remplis de larmes; pourtant il reprit bientôt courage et avala ses huîtres qu'il arrosa d'un ou deux verres de champagne : puis il se leva tout-à-coup, fit claquer sa main sur son front, partit d'un éclat de rire et

s'écria : « Pour Hécube? Qu'est Hé-
« cube pour lui? Et moi, pauvre et
« misérable diable, je me traîne
« comme Jean le rêveur, étranger
« à la cause que je dois soutenir,
« et ne puis rien dire, rien pour un
« poète à qui on ravit indignement
« et la fortune et l'existence ! Suis-
« je donc un lâche! Qui m'a jamais
« traité de poltron? Fendez-moi la
« tête en deux; arrachez-moi la
« barbe et jetez-la moi au visage ;
« pincez-moi le nez, et punissez-
« moi d'avoir menti jusqu'à la gorge.
« Qui voudrait me traiter de cette
« manière (1)? » — « Moi, dit le
brun, qui n'avait pas cessé de le regarder et de l'écouter, et avait fini

(1) V. Hamlet, acte II, scène 11.

par se lever et s'approcher de lui. « Je ne veux pas faire précisément tout cela, dit-il, mais excusez-moi, monsieur, s'il m'est impossible de vous voir avec indifférence vous abandonner toujours de plus en plus à des idées que les coups du sort ont seuls pu faire naître dans votre ame. Mais tout secours, toute consolation n'est pas impossible. Que je ne sois pas un étranger pour vous ; regardez-moi comme un homme qui est l'ami le plus sincère et le plus actif de tous ceux qui sont brouillés avec la fortune ou avec eux-mêmes. » Le gris se leva tout étonné, arracha son chapeau de dessus sa tête, et après s'être promptement remis, dit avec un léger sourire : « O monsieur, combien je dois m'en vouloir! on vient rarement dans cette chambre avant midi; je me croyais seul. En effet, tout troublé, presque dans le délire, je ne vous ai pas remarqué. Vous avez donc été témoin de l'explosion de mes chagrins et de mes douleurs, que d'ordinaire je renferme en moi-même, et contre lesquelles je lutte silencieusement. — Et ce chagrin, ce poignant désespoir interrompit le brun ?... — C'est, continua le gris, la suite d'une foule d'aventures qui forment comme le tissu de ma vie, mais qui étaient loin de me présager d'aussi inconsolables malheurs. Ma conduite a dû sans doute vous paraître folle et extravagante; je vous dois une compensation. Voulez-vous déjeuner avec moi?.... Garçon! — Laissez, laissez, dit le brun, et en même temps il fit signe au garçon, qui paraissait à la porte, de se retirer. Non, merci, ajouta-t-il, non, je ne veux pas déjeuner avec vous, mais apprendre la cause de votre profond chagrin, de votre désespoir, combattre vigoureusement votre ennemi, le renverser, comme il convient à un homme courageux, et..... — Hélas, interrompit le gris, hélas, mon cher monsieur, vouloir détruire l'ennemi qui me poursuit et qui me ronge le cœur avec acharnement, est une entreprise bien hasardeuse. Sa tête est comme celles de l'hydre indomptable; il a comme le géant Géryon cent bras dont il me serre bien cruellement. — Vous esquivez, dit le brun, mais vous n'échapperez pas, car je suis trop profondément ému de vos infortunes; elles ont laissé des traces trop visibles sur votre visage pâle et consterné. Vous lisiez des lettres, chacune d'elles contient sans doute une espérance déçue. Si je ne m'abuse, le sort ennemi qui vous opprime est celui qui fait dépendre notre bien-être de l'argent et des richesses : peut-être en ce moment un créancier avide et intéressé vous menace-t-il de ses odieuses poursuites. Si la somme n'est pas trop forte, je me trouve en état de pouvoir vous aider, et je vous aiderai, oui, certainement, je vous aiderai ; donnez-moi la main. » Le gris saisit la main qu'on lui présentait, et pendant qu'il la serrait sur son cœur, il vit une larme rouler dans l'œil de son ami.

« J'ai mis le doigt sur la plaie, n'est-ce pas, n'est-ce pas? parlez, parlez, qui? combien? où? C'est par ces cris et ces questions que le brun exprimait sa joie ; mais le gris, qui serrait toujours sa main, lui répondit : Il est vrai, monsieur, je n'ai encore jamais pu compter sur ce qu'on appelle l'aisance, mais je n'ai aucune faute à me reprocher et mon honneur est sans tache. La pauvreté n'est ni ne peut être la cause de mon chagrin. Toutefois votre offre m'a causé la plus grande surprise et la plus profonde émotion. Cet intérêt que vous avez témoigné à un inconnu prouve que vous avez conservé des sentiments qui tous les jours sont de plus en plus exilés du cœur rétréci et desséché de nos frères.—Laissez, laissez tout cela, mon cher monsieur, interrompit le brun, et dites-moi plutôt promptement où est le siége du mal, où il faut porter remède ; avez-vous été indignement délaissé de votre femme ? de votre amante ? a-t-on souillé votre honneur ? hélas ! la populace des auteurs ou des critiques vous aurait-elle calomnié ? — Non, non ! cria le gris. — Pour tout au monde pourrai-je le savoir ?

dit le brun à voix basse; mais alors son ami prit ses deux mains, et après un court moment de silence commença ainsi d'un air sévère et solennel : « Apprenez donc la cause de ces malheurs éternels et inexprimables, de ces chagrins et de ces peines qui ont empoisonné ma vie, et qui épuisent les forces et le courage de l'homme, — je suis le directeur du théâtre de cette ville. »

Le brun jeta sur le gris un regard moqueur et partit d'un éclat de rire, en le fixant comme s'il attendait une explication plus décisive. « Hélas! Monsieur, continua ce dernier; hélas! Monsieur, mes plaintes vous semblent folie, mes maux vous sont étrangers, vous ne pouvez comprendre l'étendue de mes malheurs. Ne serait-ce pas le mauvais génie d'un directeur de théâtre qui se fait un malin plaisir d'aveugler tout profane, pour l'empêcher de connaître la vie de celui qui souffre mille tourments et de pénétrer les obscurs secrets du monde théâtral ? — Il n'y a que le collègue d'un directeur de théâtre qui puisse le comprendre, et — il s'en moque, parce que l'humaine nature nous a faits moqueurs. Mais vous, Monsieur, devriez-vous rire, vous qui n'avez jamais éprouvé de telles tribulations ? Celui qui n'a jamais senti de blessures se moque des cicatrices. — En vérité, interrompit le brun, vous me faites grand tort, je suis bien éloigné de rire de ce que je ne comprends peut-être pas bien comment votre position de directeur de spectacle a pu causer ce désespoir que vous m'exprimez avec des couleurs si vives. Apprenez donc que je m'identifie complètement avec tous vos sentiments; car j'ai été plusieurs années chef d'une troupe de comédiens ambulants, et peu s'en faut que je ne le sois encore aujourd'hui. Si je n'ai pu me défendre d'un léger sourire qui, malgré moi, a paru sur mon visage, c'est qu'il m'a été impossible de garder mon sérieux en me rappelant la vie désordonnée, grotesque et bouffonne que j'ai menée pendant ma carrière théâtrale :

vous avez réveillé ces souvenirs, comme par enchantement, vous me les avez remis sous les yeux quand vous avez dit : Je suis le directeur du théâtre de cette ville. Soyez assuré de l'intérêt sincère que je prends à vous; dissipez votre chagrin, votre cœur du moins sera soulagé; c'est ainsi seulement que je puis vous être utile. »

Le gris avait pris la main de son collègue avec l'expression du plus parfait contentement; mais bientôt il la retira plein de colère, les traits de sa figure se contractèrent et prirent une expression plus sombre, et il s'écria : « Comment, Monsieur, vous êtes directeur d'une troupe ambulante? vous voulez jouer ici?

Ignorez-vous donc que j'ai un privilége exclusif? je le vois, vous voulez transiger avec moi? — Voilà votre amitié! voilà votre sympathie! — Ah! je comprends maintenant, vous me connaissiez déjà lorsque j'entrai. Permettez-moi de vous dire que cette manière de se donner un vernis d'honnête homme n'est pas du tout de mon goût, et que vous n'éleverez rien ici contre ma volonté, pas même une coulisse. En outre, votre troupe se fera siffler de la manière la plus éclatante, parce que la mienne, composée des meilleurs artistes, est sans contredit la première de toute l'Allemagne. Je vous conseille donc de déguerpir. Adieu, Monsieur. »

Le gris prit son chapeau et voulut partir, frappa dans ses mains avec étonnement et cria : « Est-il possible! est-il possible! — Non, non, mon cher ami, mon cher collègue. — Oui, collègue, répéta le brun, voyant que l'autre le toisait de la tête aux pieds, et lui lançait presque un regard de mépris. — Je ne vous laisserai pas partir dans un pareil accès de mauvaise humeur. Restez, asseyez-vous. Alors il mit doucement le gris dans son fauteuil, s'assit à ses côtés et emplit les verres. — Apprenez que je n'ai aucune envie de rivaliser avec vous, ni la moindre intention de vous faire tort. Je suis un homme aisé, je pourrais même dire un homme riche. — Ici la figure du gris devint rayonnante, il fit une légère inclination, puis vida son verre. — Comment, serais-je assez fou pour me jeter dans une entreprise dont il ne me reviendrait que pertes et tribulations? J'ai, comme je vous l'ai dit, quelque fortune; mais, ce qui vaut encore mieux, ce qui, à vraiment dire, me donne la considération dont je jouis, c'est que je suis homme de parole, et je vous promets que jamais nos opérations ne se croiseront de manière à nous gêner l'un ou l'autre. Touchez là, cher collègue, et prenez confiance. Trève, trève de toutes ces plaintes, elles ne sont plus de saison; plaignez-vous du public, du goût, des

poètes, des compositeurs; plaignez-
vous même des artistes les plus par-
faits du premier théâtre de l'Allemagne, qui ne laissent pas de vous
causer du tourment et de l'inquié-
tude.

— Ah! Monsieur, dit le gris avec
un profond soupir, on n'en finirait
jamais avec le public, ce monstre
à mille têtes, ce bizarre caméléon.
— Il n'est pas nécessaire de le mal-
traiter, comme le voulait un poète,
pour changer en dispositions bienveillantes la méchanceté de cette
bête redoutable; car, autre part, il
se fait des friandises qu'on peut lui
jeter à propos dans la gueule pour
l'empêcher d'aboyer.

Le goût! abstraction sans réalité,

être chimérique dont tout le monde parle et que personne n'a vu. On crie comme dans le Chat botté (1), le bon goût! nous sommes pour le bon goût! Telle est la maladie de ces gens dont le goût blasé recherche une nourriture étrange et imaginaire qui les laisse creux et vides et ne les rassasie jamais. Les poètes et les compositeurs sont maintenant peu de chose pour le théâtre, ils sont pour la plupart considérés uniquement comme des manœuvres; leurs productions ne forment que l'accessoire du spectacle qui consiste réellement en décorations brillantes et en costumes magnifiques.

(1) Pièce de Tieck.

Le gris laissa encore échapper un profond soupir, puis la conversation continua de la manière suivante.

LE BRUN.

Ah! ah! je comprends vos soupirs. — *Hinc illæ lacrymæ.* — Hé! quel directeur peut se vanter d'avoir paré les coups multipliés que lui portent avec tant d'adresse ses héros et ses héroïnes? Mais déchargez votre cœur, mon cher, plaignez-vous, plaignez-vous.

LE GRIS.

Par où commencer? — Par où finir?

LE BRUN.

Commencez hardiment par l'aventure récente qui est probablement la cause de votre chagrin. Vous teniez une lettre dont le contenu vous a presque porté au désespoir.

LE GRIS.

Je me trouve plus rassis, et je puis vous dire avec beaucoup de sang-froid que je cours le danger d'être mal reçu du public et de voir long-temps revenir le caissier la désolation sur le visage et sous son bras la caisse aussi légère qu'une plume. — Vous connaissez l'admirable Ampedo, ce musicien original, ce divin chef d'orchestre qui est également grand dans le tendre et dans l'héroïque, dans le tragique et le burlesque, dans l'énergique et le doucereux. Le grand-maître voulut un jour réunir dans un chef-d'œuvre ce que le chant a de plus doux et de plus fort. Aucun libretto qui convînt; enfin, enfin, il trouva son poète et alors fut composé l'opéra des opéras : *Gusman-le-Lion.*

LE BRUN.

Ah! ah! Gusman-le-Lion. — Un opéra chevaleresque, un héros auquel sa force et sa valeur ont fait donner le surnom de Lion.

LE GRIS.

Pas du tout, pas du tout, mon cher; Gusman est un lion véritable, bon, délicat, poli, d'une imagination agréable, de mœurs douces et d'une fidélité exquise. Ce personnage ne peut être dignement et convenablement représenté que par un chien de boucher, dogue bien élevé et artistement coiffé d'une perruque de lion.

LE BRUN.

Ciel ! — Encore un chien ! — Encore un chien !

LE GRIS.

Silence, mon cher, c'est le génie du temps, c'est cette puissance éternellement progressive dans le tourbillon de laquelle nous sommes emportés, qui veut actuellement des chiens sur la scène. Et quoi de plus louable que de former ce judicieux animal à des exercices plus distingués, de l'élever de la courtoisie habituelle du drame à la chevalerie romanesque de la tragédie et de l'opéra héroïque ? Certain directeur de théâtre voulait aller plus loin, et, pour débuter par quelque chose de sublime, donner à un joli

petit âne les rôles de jeune premier;
mais on remarqua de toutes parts
que ce n'était point innover, et la
chose en resta là.

LE BRUN.

A ce que je vois, votre esprit se
complaît à verser les flots de l'ironie
la plus amère. — Mais brisons là,
ensuite. — On vous apporta l'ouvrage?—Vous voulûtes le monter?

LE GRIS.

Je voulus, je voulus? Ah! mon
ami, il n'était pas question de vouloir. Bref, Ampedo, ce compositeur original est un de ces êtres
qui, comme le petit chien du prince
Zerbino, répètent : je suis un grand
homme, jusqu'à ce que le monde
le croie, jusqu'à ce qu'on lui dise

que tout ce qu'il a produit en bien ou en mal, quels qu'en soient la couleur ou le goût, est frappé au cachet de la perfection; il n'avait qu'à dire, mon Gusman-le-Lion est prêt, et les enthousiastes de crier aussitôt : Chef-d'œuvre! — admirable ! — divin! — quand nous sera-t-il permis de goûter cette délicieuse jouissance?—Ampedo haussait les épaules, prenait un air fier et à moitié méprisant, et disait : Si le directeur du théâtre voulait, — s'il s'entendait à faire quelque dépense;— s'il me payait bien. — Bien plus on m'attaque, on me menace, on me dit qu'il ne fallait avoir ni raison, ni goût, ni connaissance; on m'envoyait à tous les diables, parce que je refusais de dépenser des millions pour acheter le chef-d'œuvre des chefs-d'œuvre. Alors pus-je faire autre chose que d'acquérir cet opéra pour une somme aussi peu proportionnée à mes moyens qu'au talent d'Ampedo. — Oui, j'achetai l'opéra.

LE BRUN.

Probablement ce n'était d'un bout à l'autre qu'une platitude déplorable.

LE GRIS.

Pas du tout. A la lecture du libretto je tombai sur des scènes dont les unes devaient produire un effet dramatique infaillible, et les autres faire couler l'attendrissement dans l'ame du spectateur. — Parmi les premières je compte..... mais je dois vous dire d'abord que la protégée de Gusman est une petite princesse gracieuse, douce, enfantine, ingénue, nommée Bettina. — Eh bien ! — Parmi les scènes à effet, dis-je, je compte principalement celle où Gusman reconnaît le prince Karko qui, sept ans auparavant, a voulu prendre un baiser à la princesse Bettina, se précipite sur lui avec un hurlement effroyable, et lui arrache sa bourse de cheveux. Puis vient une scène touchante, toute sentimentale, gracieuse comme une idylle, qui doit faire tomber les spectateurs dans une douce et attrayante mélancolie, celle où l'aimable et caressante Bettina nourrit de raisins son fidèle Gusman ;

elle les lui jette en l'air, l'adroit animal bondit comme un chat, les attrape, mais les respecte jusqu'à ce que son amie lui ait crié, ou plutôt lui ait chanté : mange !

LE BRUN.

En effet c'est magnifique, incroyable ! Mais la musique ! la musique !

LE GRIS.

Je ne l'ai malheureusement entendue que dans les répétitions, puisque la représentation a manqué. Mais j'y reconnus les idées les plus belles et les plus originales de maîtres immortels qui malheureusement ne sont plus; et n'est-il pas méritoire que ces plagiats aient conservé à la génération présente l'or, les bijoux, les trésors que le temps jette dans l'abîme comme un insolent Nabab ? En outre les replâtrages dont Ampedo recouvre habilement les morceaux qu'il a volés ont de la couleur, une certaine consistance, que veut-on de plus ?

LE BRUN.

Eh ! eh ! — je ne puis vous répondre toujours que la même chose. Vous êtes aigri contre l'ouvrage, parce qu'il a paru sur l'horizon théâtral comme une comète flamboyante, qui porte dans sa queue la guerre et les désastres, les orages et les tempêtes ; — mais voyons, continuez.

LE GRIS.

J'ai repris les choses de bien haut, — *ab ovo*, je le sais ; — mais vous qui m'avez abordé avec tant de bonté, pardonnez-moi ma prolixité, car pendant que je laisse l'ennemi venir lentement à moi, je m'habitue à ses regards, et il perdra sa puissance si je puis parvenir à le fixer. — J'avais acheté l'opéra, et alors seulement je m'aperçus des difficultés infinies qui s'opposaient à sa représentation.

LE BRUN.

Le dogue qui devait jouer le rôle du lion Gusman ?

LE GRIS.

C'est la moindre des choses, mon cher. — Ma fortune, ma bonne étoile me fit bientôt trouver un chien de boucher plein de talent, poli, blond comme de l'or, et dans le coiffeur du théâtre un génie achevé pour l'instruction des animaux. La chose alla parfaitement. Au bout de peu de temps l'estimable chien avait oublié son nom propre de Lepsch et répondait à celui de Gusman. Il apprit à se tenir debout sur le théâtre, à prendre une attitude décente, à se remuer, et, ce qui n'était pas une petite affaire, à manger des raisins et à arracher adroitement la bourse de cheveux dans laquelle l'artiste, son maître, avait prudemment caché des saucisses. Les frais ne montaient pas trop haut, car, excepté les appointements qui étaient peu de chose, en comptant même les saucisses et des feux raisonnables, il me restait encore cinquante thalers impériaux pour payer au professeur les culottes et les habits qui lui étaient déchirés pendant les exercices. Quant à l'écorchure que ce jeune artiste plein d'avenir fit dans la chaleur de son jeu au nez du second ténor (Karko), le chirurgien du théâtre ne prit rien pour sa guérison : il crut devoir puissamment encourager ce jeune génie et fit don de cinq aunes de taffetas d'Angleterre pour guérir les blesssures que les héros avaient attrapées dans leur zèle pour l'art. — O caprices du public!

LE BRUN.

Ainsi, à vrai dire, les obstacles, les difficultés.....

LE GRIS.

En somme, j'aurais bien pu me plaindre de ce que dans un opéra le personnage principal ne chantait pas.

Jusqu'ici l'esprit humain ne s'était pas avisé de confier une partie de chant à l'organe des chiens; ce serait donc inutilement qu'Ampedo eût écrit une partie pour Gusman. Cependant on pouvait objecter qu'il y avait des opéras où des muets remplissaient les principaux rôles. Le chant est remplacé par la pantomime, talent qu'on ne peut contester aux animaux; mais! mais que l'opéra s'appelât Gusman-le-Lion, c'était déjà un inconvénient, parce que la prima donna, le pre mier ténor, la première basse-taille qui tenaient à le baptiser et à lui donner un nom, durent être très mécontens. Un second empêchement, c'était que Bettina, le principal personnage après Gusman, n'avait aucun air de bravoure, et que par conséquent ce rôle devait être rempli par une jeune cantatrice; au contraire, celui de la reine Mikomikona n'étant rempli que d'éclairs et de tonnerres, avait naturellement été écrit par le grand Ampedo pour la prima donna; puis la partie de Kajus, tyran et roi d'une île sauvage, que l'on avait donné à la première basse-taille, n'avait qu'un seul air, et enfin le *la aigu* ne se présentait que deux fois dans la partie du ténor. Je me figurais déjà voir arriver de charmantes petites lettres avec cette suscription : Je vous renvoie le rôle de Mikomikona, etc. Je me rappelais les visages dédaigneux et chagrins de la répétition : — c'est ce qui arriva justement.

LE BRUN.

Tout, à l'exception de Gusman qui refusa de chanter et même de jouer! — Mikomikona fut-elle la première qui renvoya sa partie?

LE GRIS.

Oui, — je l'avais bien prévu; aussi j'avais pris mes précautions. D'après mon ordre, le costumier alla trouver la donna avec un joli dessin qui représentait Mikomikona dans toute la pompe de son costume : il était neuf, imposant, magnifique ; ce n'était que velours, satin, broderies, dentelles, couleurs vives et tranchantes, bouquets de plumes, pierreries.— On fut transporté lorsque le costumier, avec l'humilité la plus profonde, remarqua qu'infailliblement Madame n'aurait jamais jeté autant d'éclat autour d'elle que dans l'opéra de Mikomikona. Ce changement du titre de la pièce, changement que l'on fit passer pour involontaire, sonna comme une délicieuse musique aux oreilles de Madame : Ce manteau brodé d'or m'irait-il bien, mon cher ? murmura tout bas la donna avec un léger sourire et les yeux dirigés sur le dessin. Alors le costumier frappa dans ses mains et s'écria dans son enchantement : Adorable, céleste, divine femme ! que d'éclat jeteront ces étincelles de cristal et d'argent ! quelle splendeur jaillira de ces éclairs d'or qui, comme des salamandres couverts d'écailles, lutteront avec les rayons vainqueurs de vos jolis yeux. — Femme angélique, permettez-moi de raccourcir cette robe d'un demi pouce ; sa lourde garniture descend trop bas, et rien ne doit dérober aux regards du public transporté la vue de ce petit pied, de ce charmant piédestal d'une colonne d'albâtre.

LE BRUN.

Eh! collègue, votre costumier est fort sur les expressions poétiques.

LE GRIS.

Sans doute, — il apprit les premiers rudiments de la poésie en lisant tous les anciens et pour la plupart horribles drames ou tragédies que je lui donnai pour en faire des mesures : s'il le fait encore, je n'en sais rien; mais il fit tous ses efforts pour soigner les costumes des représentations, pour découper les mesures nécessaires à la confection des habits dans des pièces qui lui paraissaient à peu près semblables. Il tailla un Régulus pour en faire un Codrus (1); prit, pour habiller Yngurd (2), une vieille tragédie de Gryphius, dont le nom m'échappe, et, pour prendre mesure à des Vestales, les soldats de Lenze. Je ne peux m'expliquer cette dernière transformation, je ne me souviens plus du troisième terme de la comparaison; mais tout ce que je sais, c'est que mon garnement de costumier est un drôle de fou.

LE BRUN.

N'avez-vous pas remarqué, mon très estimable ami le gris, que tous les employés subalternes du théâtre ont un grain de folie, comme on dit

(1) Pièce de Collin.
(2) Pièce de Müllner.

quand on veut désigner un peu de sottise ou d'extravagance ? Quoiqu'ils exercent un métier civil, tel que celui de tailleur, de coiffeur, ils veulent néanmoins s'élever jusqu'aux rôles du théâtre, et pensent qu'ils n'ont autrefois gagné quelque chose du travail de leurs mains que pour le sacrifier à ces dieux de papier doré, au culte desquels ils se consacrent et qu'ils préfèrent à tout, quoiqu'ils en parlent fort mal entre eux. Ils se servent de la chronique scandaleuse du théâtre comme d'un passe-partout qui doit leur ouvrir toutes les portes. On trouverait difficilement une ville avec un spectacle où les hommes, les femmes et les demoiselles n'aient pas l'habitude de se faire arranger la tête par le coiffeur du théâtre.

LE GRIS.

Vous avez parfaitement raison, mon cher ami, on pourrait encore à ce sujet soulever bien des questions. Mais, pour en revenir à mon tailleur, je vous dirai qu'il exécuta ce que je voulais avec toute la délicatesse possible : madame n'eut plus rien à désirer quand elle vit le portrait de la brillante Mikomikona ; elle ne songea plus qu'elle m'avait renvoyé sa partie, cela me suffit. Alors je lui écrivis que, quoique je reconnusse bien que ce rôle était peu propre à faire paraître son rare talent dans tout son jour ; cependant, par égard pour le compositeur, pour moi et principalement pour le public, qui n'était jamais rassasié de l'entendre et de l'admirer, je la priais de vouloir bien se charger pour cette fois de la partie. Au bout d'un quart-d'heure je reçus cette réponse : « Monsieur le direc« teur, je veux vous prouver que je « ne suis pas aussi entêtée que le « serait une autre cantatrice de ma « force ; je vous préviens que je « chanterai le rôle de Mikomikona. « Un coup-d'œil superficiel m'a fait « trouver dans ma partie de fort « jolies choses. Ce que j'en fais, ce « n'est pas pour moi, c'est, comme « vous le savez, uniquement dans « l'intérêt de l'art. Je vous salue « avec une parfaite considération.

« — *P. S.* Envoyez-moi des échan-
« tillons du velours rouge et de
« l'étoffe brochée d'or : faites-moi
« aussi venir le tailleur. »

LE BRUN.

Et la chose fut faite?

LE GRIS.

Sans doute; — mais j'eus à livrer un combat plus terrible au roi de l'île sauvage, au tyran Kajus. Cet homme, je parle de ma basse-taille, cet homme, dis-je, avec une voix médiocre et un extérieur entièrement désavantageux, est pour moi un vrai fléau. Il a le débit assez bon, mais, particulièrement au moyen du charlatanisme musical qu'il déploie, il a su en imposer à la multitude, ou plutôt lui inspirer cette admiration badaude, cette approbation stupide et bornée qu'on exprime par le vacarme et le tumulte, aussitôt qu'un danseur de corde a heureusement terminé ses sauts aériens : le peuple élève à ce roi de théâtre un trône de papier sur lequel il se pavane.

Aveuglé par sa vanité et son égoïsme, il se croit à lui seul un foyer qui réfléchit partout la lumière; aussi, rien n'est bon pour lui, ni rôle ni partie. Doit-il représenter un père tendre, il lui faut des airs forts; des scènes sérieuses pour des rôles de vieux comique, de langoureuses romances pour ceux de tyran : car partout il veut se donner pour un talent vaste et flexible. « Oh! laissez-moi jouer le lion! je rugirai si bien que ce sera un plaisir délicieux de m'entendre : je rugirai si bien, si bien, que je ferai dire au duc : Qu'il rugisse encore. Je vous promets de grossir ma voix de manière à rugir avec le doux murmure d'une colombe amoureuse; je rugirai de façon que vous croirez entendre un rossignol (1). »

LE BRUN.

Bottom! — Bottom! cher Bottom (2)!

LE BRUN.

Divin Shakespeare! que n'as-tu

---

(1) V. Shakespeare, le Songe d'une nuit d'été, act. I, sc. vi, trad. de Letourneur.— Paris, 1781.

(2) Personnage de la pièce.

connu ma basse-taille lorsque ton génie créa ce personnage de Bottom, qui est le type des sots radoteurs et des arrogants comédiens. Je vous laisse à penser si Kajus était satisfait de l'ouvrage d'Ampedo et surtout de son morceau, puisqu'il voyait dans le dogue un rival redoutable. Il déclara qu'il ne chanterait jamais la partie de Kajus. J'eus beau lui représenter que son refus forcerait à abandonner l'opéra si ardemment désiré du public, il me demanda si je croyais qu'il fût là pour mon opéra, et quels rapports il y avait entre lui et mon opéra. Je répondis, sans m'emporter, que tous les samedis à l'avenir j'appliquerais le même principe à son traitement et que je ferais la sourde oreille. Mes paroles parurent faire quelque impression sur lui, et nous arrêtâmes les points suivants de cette espèce de traité de paix :

1° M. Kajus entreprendra et chantera dans l'opéra de Gusman-le-Lion le rôle d'un roi d'une île sauvage, le tyran Kajus.

2° Le directeur promet d'engager le chef d'orchestre Ampedo à ajouter un rondeau gracieux ou une romance en français. M. Kajus désigne pour ce morceau la situation, dans la quatrième scène du second acte, où Kajus tue l'aîné des princes sous les yeux de la reine Mikomikona, parce que c'est précisément le milieu de l'opéra. On peut supposer que Kajus, après qu'il a commis le meurtre, s'abandonne aux doux souvenirs de sa jeunesse, de ce temps où il lisait encore : Le singe est un animal très bouffon. Au milieu de ces idées son cœur s'attendrit, il se sent faible, il s'exalte, et, dans son transport, il chante : O doux temps de la jeunesse, etc. Le ton est mi-bémol majeur et le colla-parte revient quatre fois; mais il vaut mieux que M. Ampedo écrive tout l'air entier colla-parte et n'introduise que trois accords dans l'accompagnement : la répétition apprend le reste.

3° Il est expressément permis à M. Kajus de porter des éperons d'or à ses demi-bottes, d'avoir un bâton de commandement et de jouer, à cheval, la scène où il prononce l'arrêt de mort de la princesse Mikomikona.

On peut prendre la petite jument à longs poils, mais seulement à défaut du petit cheval brun anglais avec une tache blanche sur le front.

Le traité fut signé, nous nous embrassâmes, et lorsque Ampedo entra, Kajus lui frappa en souriant sur l'épaule et lui dit : « Soyez tranquille, mon cher, je m'acquitterai comme il faut de mon rôle de tyran. » Ampedo eut l'air un peu déconcerté; — je mis à profit ce moment pour disposer le musicien en faveur du délicieux air à trois ac-

cords. Il ne demanda pas mieux : —
ce fut une affaire faite.

LE BRUN.

Et les autres ?

LE GRIS.

De belles paroles, — de l'argent,
de nouveaux costumes, tout allait
parfaitement ; mais par malheur le
diable nous guettait par derrière.
Oh! oh! qui pourrait résister à la
puissance de l'esprit infernal !

LE BRUN.

Que vient faire Satan dans le grand
opéra du grand Ampedo?

LE GRIS.

Il..... Satan, veux-je dire, agit
puissamment avec de faibles instru-
ments; il est la désolation des ames
tendres. — Très satisfait de moi-

même, heureux d'avoir achevé, plein d'espérances et rêvant délicieusement à l'effet qu'allait produire Gusman-le-Lion, à la somme ronde qu'il allait me rapporter, j'entre dans mon appartement et me jette dans un fauteuil. Alors j'entends ouvrir une porte; on pénètre dans l'antichambre, et bientôt elle retentit de pleurs et de sanglots, mêlés de cris et de plaintes entrecoupées. Tout étonné, je me lève de mon bureau, cours à l'antichambre et ouvre la porte : quel étrange spectacle s'offrit à mes regards! — Le tailleur et le coiffeur du théâtre se tenaient embrassés et se pressaient sur leurs cœurs; c'étaient eux qui pleuraient, qui san-

glotaient, qui déploraient l'amertume de leur sort dans des lamentations confuses, mêlées de soupirs et de larmes. « Cher ami, supporter
« une pareille injure! excellent col-
« lègue! — avaler un pareil affront!
« — Hyène! — dragon! — abomi-
« nable créature! — antiquaille! —
« cette vieillerie de roman avec son
« nouveau titre! — ce conte des
« temps passés! — tête à perruque
« usée! — lambeau d'habit de cé-
« rémonie mis au rebut! » Enfin ils se détachèrent des bras l'un de l'autre et se jetèrent sur moi avec les symptômes d'une violente douleur.

« Alors je m'aperçus que le tailleur avait sur le nez une écorchure sanglante qui paraissait faite avec des ongles aigus; la joue gauche de l'artiste en cheveux était rouge, et notablement enflée.

« Vengeance ! vengeance ! nous avons été gravement offensés, insultés ; — vengeance ! noble, excellent, juste directeur ! » Ils criaient ainsi tous deux à l'unisson ; enfin je les forçai à raconter tranquillement ce qui s'était passé, et j'appris de jolies choses !

LE BRUN.

Je vois presque où l'un a attrapé son écorchure et l'autre son enflure à la joue.

LE GRIS.

Mon tailleur a terminé ce pompeux et magnifique ouvrage, le costume de la reine Mikomikona. Plein d'admiration pour ce chef-d'œuvre, il est convaincu qu'on n'a jamais rien produit de semblable; et dans l'orgueil de son triomphe, il ne peut attendre de la bouche même de Mikomikona les éloges qui lui sont dus. Il va la trouver avec le costume qui, en effet, était superbe et d'un goût exquis : la donna l'essaie; mais il ne veut aller ni d'un côté ni de l'autre, et surtout le jupon à l'endroit où, d'après une ancienne habitude, on a coutume de s'asseoir, fait des plis si bouffants qu'ils gâtent la draperie du manteau dont on les couvre, et qu'on ne peut les faire disparaître quoiqu'on ait beau tirer dans tous les sens. Le bon artiste avait dans l'esprit une Mikomikona idéale, et n'avait pas pensé aux formes passablement larges de la donna, qui paraissait destinée à devenir dans sa vieillesse une miss Billington. La donna, chose étonnante ! s'aperçut elle-même qu'il n'allait pas. Le tailleur l'assura que dans ce costume de jeune fille elle avait l'air d'être habillée par une sorcière, et qu'elle ressemblait à un petit monstre qu'on aurait paré pour en faire un épouvantail.

La donna leva la bordure de son costume et n'en finissait pas avec ses critiques.

Cette sortie blessa la susceptibilité du tailleur. Il fit tomber ses remarques sur les formes singulières que prenait la nature dans les ouvrages de ses mains. « Ainsi, dit-il, elle fait souvent un côté plus grand ou plus petit que l'autre, et autre chose semblable. » Mais comme la donna n'en continuait pas moins ses censures et même laissait échapper quelques mots sur l'inhabileté et le défaut absolu de goût du tailleur, celui-ci, profondément piqué, éclata et s'écria qu'il fallait être jeune et jolie, et non comme un mannequin enflé, si l'on voulait qu'un tel habillement servît de parure et non pas de mascarade. La dame donna carrière à sa fureur; arracher son manteau, sa robe, tout son costume enfin, le jeter à la tête du tailleur, et, peut-être sans le vouloir, accompagner tout cela d'une notable égratignure sur le nez, ce fut l'affaire d'un moment. Le tailleur, redoutant les ongles aigus de cette chatte furieuse, saute par la porte, et au même instant entre le coiffeur qui venait essayer une perruque neuve. Sa mauvaise étoile voulut qu'il se trompa et présenta à la donna, en riant comme un fou, la crinière blonde et bouclée qu'il avait préparée pour le lion Gusman. Celle-ci, déjà échauffée, prit fort mal cette méprise, et d'une main vigoureuse, dont les doigts étaient armés d'ongles pointus, elle appliqua au malheureux coiffeur un tel soufflet, qu'il en eut les oreilles tout étourdies et que mille éclairs brillèrent à ses yeux. Il s'élance aussi vers la porte, rencontre le tailleur sur l'escalier, et tous deux viennent se plaindre à moi : tels sont les événements qui amenèrent la scène de l'antichambre.

LE BRUN.

Je remarque que votre donna est d'un naturel italien, forte sur la pantomime expressive ; elle paraît assez disposée au meurtre, à l'assassinat même, et elle en donne des preuves suffisantes en égratignant et administrant des soufflets : nos cantatrices allemandes ne vont pas jusque là.

LE GRIS.

En effet, ma donna est d'origine italienne : il pourra vous paraître très paradoxal que j'aime mieux lutter contre les éclats de colère d'une italienne que de me tourmenter jusqu'à la mort des petites sottises, des pruderies, des caprices égoïstes, des attaques de nerfs, des indispositions de nos actrices allemandes.

LE BRUN.

Vous êtes trop susceptible, mon cher ami; ces petites imperfections de nos dames, la faiblesse de leur système nerveux, leur délicatesse...

LE GRIS.

Au diable leur délicatesse ! un rôle accepté ou non, la couleur d'un costume qu'il leur est impossible d'accepter, — une camarade applaudie ou redemandée; — le silence ou même l'accueil indifférent du public, lorsqu'on attendait un tonnerre d'applaudissements, l'air même de la salle des répétitions, tout enfin agit sur elles ni plus ni moins que le sirocco, et les jette sinon dans leur lit, du moins sur un sopha, où, la tête entortillée d'un bonnet de dentelles bien plissées, dans un galant négligé, elles content mélodieusement leurs souffrances à un médecin jeune, aimable et bel-esprit. Le docteur a dans sa poche l'arsenal complet de la mort : fièvres de toute espèce, phthisie, étisie, inflammation cérébrale, et leur prodigue des maladies et d'horribles attaques dans des certificats que l'on m'envoie avec de petites lettres, dont les traits tremblottés semblent l'indice d'une prochaine mort.

LE BRUN.

Mais si cet homme veut passer pour médecin, il doit faire quelque chose d'extraordinaire, et même opposer à la mort une vigoureuse résistance par des remèdes puissants que ses malades ne puissent esquiver.

LE GRIS.

Mon sublime docteur dédaigne toute médecine qui traite le corps par des moyens habituels et terrestres : sa méthode est purement psychologique.

Il magnétise, et vraiment jamais magnétiseur n'a endormi plus facilement que lui ses patients. Après avoir agité légèrement de sa main magnétique l'atmosphère des malades, il leur met sur la poitrine, comme on fait d'ailleurs avec le bâton aimanté, douze sonnettes préparées d'une manière spéciale, et qu'il porte continuellement avec lui. Les paupières se ferment, et s'il s'engage une nouvelle lutte, une tragédie est là pour achever la victoire : on n'est pas à la moitié du premier acte que les hommes les plus robustes tombent déjà brisés par un sommeil de mort.

LE BRUN.

Je m'arrêterais volontiers à l'emploi des moyens psychologiques dans des cas désespérés, et je compte parmi ces moyens les magiques secours d'une pluie d'or.

LE GRIS.

Je comprends, suffit; je me représente les dessins si ingénieux du fameux faiseur de caricatures Gillray. Il met la Billington au milieu d'un large fauteuil dans la plénitude de son embonpoint, mais avec cette faiblesse langoureuse que lui a donnée une maladie de commande. A ses côtés sont les directeurs des théâtres de Drury-Lane et de Covent-Garden; celui de Drury-Lane cherche à la consoler et à lui faire prendre d'une liqueur précieuse, composée par le plus fameux médecin de Londres; mais elle le repousse et tourne la tête avec amabilité vers celui de Covent-Garden, qui, la cuillère à la main, puise des guinées dans un grand sac qui porte sur son étiquette : *Cinq fois par quart-d'heure*. La médecine fit son effet et la malade reprit des forces pour s'engager à Covent-Garden.

LE BRUN.

Par malheur les pauvres directeurs d'une troupe ambulante ne peuvent répandre une pareille pluie d'or; aussi, doivent-ils recourir à d'autres remèdes psychologiques qui ne sont pas non plus sans effet : vous plairait-il d'apprendre avec quel succès j'employai un jour un de ces moyens?

LE GRIS.

Ce sera à la fois instructif et amusant.

LE BRUN.

Ma mauvaise étoile voulut que j'engageai un jour, sur mon petit théâtre, deux pucelles, — d'Orléans, à ce que je présume. Il est inutile d'expliquer à un collègue avec de longs développements comment, dans mon irréflexion, j'ai jeté moi-même les semences du mal qui a pris un si effroyable développement, qui a causé tant de chagrins et fait naître tant de diaboliques querelles. Je veux faire prendre à mes actrices les noms romantiques de Desdemona et de Rosaura. Desdemona était d'un caractère un peu remuant et cherchait à faire du scandale, comme votre Mikomikona.....

Pour Rosaura, son visage courroucé exprimait l'indignation la plus vive et les sentiments d'une ame exaspérée par une injustice révoltante : elle savait exhaler sa colère par des expressions brèves, mais péremptoires, et vous déchirer le cœur ; on serait mort de désespoir si de pareils symptômes s'étaient déclarés chez elle après un refus.

Desdemona était, à n'en pas douter, une bien meilleure comédienne ; Rosaura était plus jeune et plus jolie ; elle excellait à rendre les passions avec tant de naturel, qu'elle avait pour elle la jeunesse du parterre, si facile à enflammer, tandis que moi je faisais une triste figure. Desdemona était moins faite que toute autre pour jouer la Turandot (1) ou la Julia (2) de Shakespeare, parce que la jeunesse et les charmes physiques sont des conditions indispensables pour ce rôle, et, de son côté, ma Rosaura me gâtait les rôles d'héroïne. Mais vous trouverez tout naturel qu'elles missent une égale obstination à vouloir jouer ceux qui leur convenaient précisément le moins. Aujourd'hui c'est celui de la pucelle, demain celui de Turandot, pièce alors nouvelle et que le public attendait avec ardeur. Desdemona joue parce que j'ai refusé le rôle à Rosaura, et fait

(1) Voyez Turandot de Schiller.
(2) V. les deux gentilshommes de Vérone.

grand bruit de l'étendue de son répertoire. Les symptômes d'un chagrin secret se développent, et deux jours avant la représentation de Turandot, Rosaura est dans son lit, attaquée d'une maladie mortelle. La méchante savait que les rôles ne pouvaient être remplis par une autre, et que toute remise de la pièce me portait un coup sensible. Je cours chez elle ; pâle comme la mort, ce qui veut dire qu'elle avait essuyé son fard, et portant sur la figure l'empreinte d'une grande douleur, elle vient à moi en bégayant et à moitié défaillante : « Je suis bien malade ! » me dit-elle. Le soupir qui suivit semblait vouloir dire : C'est vous, c'est vous, homme cruel, qui m'avez tuée! La première basse-taille, ainsi que le jeune et sensible artiste qui ne figurait que comme amoureux dans la comédie secondaire, tandis qu'il jouait le rôle principal dans la chambre de Rosaura, étaient appuyés tous deux sur le lit; alors, dans l'attitude d'une grande douleur, ils portèrent simultanément leurs mouchoirs à leurs yeux. Je prends part à la conversation, je m'asseois sur des coussins, je saisis la main languissamment étendue de Rosaura, et avec le ton de l'émotion la plus profonde, avec l'accent d'un académicien de la Scala, comme parlaient il y a trente ans les amants langoureux et sans espérance, je dis avec tendresse : « Ah ! Rosaura , quelle cruelle position ! plus d'espoir pour moi ! plus de jouissances pour le public ! Vous croyez peut-être que je parle de Turandot ? » ici un rire malicieux parut sur ses lèvres. « Ah ! vous ne savez pas, continuai-je, en affectant des regrets plus amers, que je voulais donner Marie-Stuart dans quinze jours et que ce rôle vous était destiné ; mais maintenant..... »

Rosaura resta pensive ; je voulais parler, je gardai un silence prudent, et je remplis cette pause de quelques soupirs. La basse-taille et le jeune premier me répondirent dans le même langage.

« D'ici là , dit doucement Rosaura en se levant à moitié, d'ici là, mon cher directeur, je puis bien être rétablie. Envoyez-moi ce rôle, seulement pour l'étudier, car je l'ai déjà joué quatre fois et avec quelque succès : si le public me redemande encore sous les traits de Marie-Stuart, ce sera pour la cinquième fois. » A ces mots, elle retomba languissamment sur ses coussins. « Ah! Rosaura, ma chère enfant, lui dis-je en essuyant quelques pleurs, vous savez comment j'agis avec mes sociétaires et avec le public; et Turandot dût-il tomber, Marie n'est-elle pas la seule pièce qui puisse apaiser le public attentif et charmé? Ce sera donc Desdemona qui jouera le rôle de Marie-

Stuart et notre Élise celui de la reine.

— Quoi ! cria Rosaura avec plus de vivacité que n'eût semblé devoir lui permettre sa maladie de langueur ; quoi ! Desdemona sera la tendre Stuart et Élise l'orgueilleuse reine ! — n'y a-t-il donc absolument aucune autre pièce ? » Je lui répondis doucement, mais toutefois d'un ton plus péremptoire : « Non, ma chère Rosaura, en place de Turandot on donnera Marie-Stuart, le public en est déjà instruit. » Ici nouveau silence, — soupirs, — chuchottements, etc., etc. — « Je dois avouer, reprit Rosaura, que ce matin je me trouve beaucoup mieux qu'hier soir.

— Vous vous faites peut-être illusion, chère amie; car vous avez réellement l'air bien pâle et bien épuisée : j'en suis très inquiet, — vous êtes si aimable! vous avez si bon cœur! — Mais après-demain je pourrai peut-être remplir le rôle de Turandot, par égard pour vous, quand je devrais ne pas être entièrement rétablie. — Que dites-vous, Rosaura? me prenez-vous pour un homme sans cœur, sans humanité, pour un barbare? Non! j'aimerais mieux jamais ne voir Turandot sur le théâtre, que d'exposer au moindre danger votre vie, votre chère santé. » Alors s'engagea une lutte de beaux sentiments, et de part et d'autre on s'en remit à la décision du médecin : vous devez bien penser quel fut son avis, mon cher ami. Turandot fut représenté au jour fixé, et plus tard, car il faut tenir sa parole, Rosaura parut sur la scène sous les traits de Marie-Stuart.

Plusieurs bonnes langues voulaient trouver dans la scène fameuse où se querellent les deux reines (Desdemona remplissait le rôle d'Élisabeth) un sujet piquant de personnalités offensantes ; — mais qui fera jamais bien attention à sa langue ?

LE GRIS.

O mon cher ami, mon cher collègue, car vous permettrez à mon cœur de vous donner ce nom, —

que je vous admire ! Non, il ne m'est pas donné, à moi, de supporter tant de contrariétés avec une pareille tranquillité d'esprit ;—c'est mon irritabilité, mon emportement qui me fait faire souvent mille inconséquences.

LE BRUN.

Vous êtes encore jeune : — ah ! il faut avoir parcouru une longue carrière pour ne plus aller se blesser les pieds contre ces pierres aiguës que l'on trouve partout dans sa marche. Mais nous sommes loin de votre Gusman et de votre Mikomikona, poursuivez.

LE GRIS.

Je ne m'étais pas trompé, ce que j'attendais arriva réellement. Sa colère avait, il est vrai, fait de son écriture, qui était assez jolie, d'affreuses pattes de mouches; cependant on pouvait déchiffrer qu'elle me mettait tout sur le dos, et, suivant son habitude, le prenait avec moi sur le ton le plus élevé.

LE BRUN.

Oh! oh! — voyez dans Shakespeare le fou de Touchstone, dans *Comme il vous plaira.* Elle commença donc par ce courageux refus?

LE GRIS.

Sans doute, mais aussi elle me déclara hardiment qu'après plusieurs jours d'étude, elle avait reconnu que la partie de la reine n'était nullement faite pour sa voix, que la méthode allemande lui était étrangère, qu'elle était bien étonnée que je voulusse lui faire chanter ce morceau. Je ne pouvais ni ne voulais lui dire que je n'acceptais pas son refus.

LE BRUN.

C'est très vrai, — vous eussiez été accablé de contrariétés sans fin, on eût même dépassé les bornes, il vous eût fallu avoir d'affligeantes disputes. Mais ne pouviez-vous donc pas la remplacer?

LE GRIS.

Je le pouvais, aussi je le fis sur-le-champ. — Une personne jeune et complaisante, assez indifférente sur le choix de tel ou tel rôle, et qui s'élevait assez haut dans la région des médiocrités, se chargea de la partie de la reine et tout parut devoir aller à souhait, quoique j'eusse à craindre le tyran Kajus et l'influence qu'exerçait sur lui la donna courroucée. Je ne fus pas peu étonné de voir M. Kajus se tenir fort tranquille et assister aux répétitions avec beaucoup d'exactitude. — Le surlendemain on devait jouer l'opéra, et le jour même ; le jour même, en ce moment, je reçois ce maudit billet de l'implacable tyran. — Écoutez.

« Je suis bien fâché, mais je ne puis chanter ni ne chanterai la partie de Kajus ; c'était uniquement par complaisance pour vous que je m'étais abaissé à étudier cet indigeste et gothique ouvrage et à assister aux répétitions, mais je vois maintenant que ce chant absurde, si toutefois on peut dire que ce soit du chant, gâte ma voix et affecte mon organe. Je suis déjà enroué, je ne serai pas assez fou pour aggraver cette indisposition. — J'ai l'honneur de vous saluer.

LE BRUN.

Alors vous vous prévalûtes de votre traité?

LE GRIS.

Ah! mon cher et excellent ami, mon grand chagrin, c'est que je ne puis le faire sans mécontenter le public dont il est devenu l'idole, quoique la faveur dont il jouit soit incertaine.

LE BRUN.

Écoutez les conseils et l'expérience d'un vieux praticien. Rien n'est moins redoutable au théâtre que les murmures momentanés du public lorsqu'il est privé d'un de ses soi-disant favoris; et je vous assure qu'à proprement parler, il n'en a pas. — Mais laissez-moi reprendre de plus haut. — Pour nous, paisibles Allemands, nous sommes étrangers à cet enthousiasme voisin du délire, avec lequel les Français et les Italiens célébraient et célèbrent encore actuellement leurs virtuoses dramatiques. Jamais prince a-t-il conféré la chevalerie à un eunuque efféminé pour des trilles mollement exécutées, comme on l'a fait à l'égard de Farinelli? jamais public allemand a-t-il de leur vivant donné l'apothéose à ses acteurs et à ses chanteurs, comme on l'a vu si souvent? Lorsque le fameux Marchesi chanta à Venise, j'ai vu de mes propres yeux les auditeurs enroués à force de crier, et dont les mains, déjà meurtries, se refusaient à de nouveaux applaudissements, s'agiter sur leurs bancs comme des insensés, et en même temps soupirer et pleurer, les yeux égarés, dans les convulsions du délire.

Leurs applaudissements ou plutôt leurs transports présentaient les sinistres résultats d'une ivresse d'opium. — Mais revenons à notre affaire. — L'ame des Allemands est comme un lac tranquille, qui, au fond de ses eaux limpides, réfléchit toutes les images de la vie et les conserve avec amour. Cet amour, voilà la vraie, la précieuse récompense de l'artiste, c'est le partage de ses favoris : ces idoles du public étaient nos Eckof, nos Schroeder, etc. Lorsque Schroeder parlait sur la scène, c'était une attention, un silence, on eût entendu le plus léger souffle. Mais si un discours qui avait produit un grand effet était suivi d'applaudissements bruyants comme le tonnerre, c'était alors l'explosion involontaire d'une émotion intérieure et profondément sentie, et non pas cette joie puérile que l'on témoigne pour toute espèce de tour de force à se rompre le cou, fût-il en chant, en paroles ou bien en simple pantomime. Les Allemands assistaient alors avec un louable sang-froid aux représentations dramatiques : nous ne nous assommions pas au théâtre, nous ne nous rompions pas le cou dans les vestibules, comme autrefois à Paris les Gluckistes et les Piccinistes ; mais il s'engageait dans le champ de la critique des luttes fréquentes où l'on tendait, avec d'infatigables efforts, à ce point plus élevé qui est le but de l'art. Les travaux de Lessing sur l'art dramatique sont restés pour en perpétuer le souvenir. Je n'ai pas besoin de vous dire comment cette sévérité s'effaça toujours de plus en plus devant cette légèreté molle et langoureuse qui envahit tout le monde. Il est à remarquer que l'on voit disparaître peu à peu, mais entièrement, tous les ouvrages purement dramatiques; tous les journaux qui traitent de l'art s'emparent du théâtre, et, sous le titre de Nouvelles théâtrales, ne donnent au public, dans leurs articles, que des jugements superficiels sur de fades pièces et d'obscurs comédiens. Il n'est que trop vrai que celui qui a des yeux pour voir, des oreilles pour entendre, une main pour écrire, se croit de la capacité et même de la vocation à la critique des pièces de théâtre.

Les yeux bleus de madame Y.... ont frappé au cœur un Sperling (1), un commissaire établi pour le sucre de betteraves, dans cette petite ville ou dans une autre, et le monde apprend des choses inconcevables : on lui dit que cette petite ville possède la première Muse tragique, le parfait idéal de l'art, madame Y.... qu'elle a été redemandée dans Jeanne de Montfaucon, après la chute du rideau, et qu'elle a remercié les spectateurs dans les termes les plus recherchés.

J'ai dit que c'étaient autrefois les dispositions bienveillantes du public, son amour pour les artistes qui produisait ces hommes

(1) Voyez Kotzebue, *die Kræhwinkler.*

mes dignes de sa faveur : il n'a plus de favoris maintenant que cet amour est dégénéré en mollesse et en indifférence. Ce qui sortait autrefois d'un cœur trop rempli d'émotions, est maintenant le produit d'une inspiration passagère; autrefois, pour applaudir, on saisissait dans son ensemble le rôle de l'artiste, à présent il n'y a que quelques morceaux isolés qui fassent battre des mains, encore s'inquiète-t-on peu de savoir s'ils cadrent ou non avec l'ensemble; rien au monde n'est plus facile que d'obtenir de cette manière des applaudissemens momentanés : on pourrait la réduire en formules de catéchisme. Crier bien fort si on a déjà le pied levé pour partir, hurler, battre du pied la terre, se frapper le front, briser même dans l'occasion une couple de verres et casser une chaise, est quelque chose pour nos héros du jour, qui se battent les flancs pour s'échauffer à froid, et ressemblent, non à un dragon enivré dans une auberge, mais à un enfant échappé de l'école, qui porte pour la première fois de fortes bottes ou fume du tabac. — Mais je vois que je me perds.

LE GRIS.

Nullement. — Vous aussi vous commencez à montrer de la rancune, et dites comme dans le misanthrope et humoriste Jacques dans

Comme il vous plaira (1) : Je hurlerai volontiers avec les loups.

LE BRUN.

Je voulais dire seulement que cette manière de s'obtenir des applaudissemens à bon marché montre de la part de l'acteur non seulement une grande présomption, mais encore une sorte de mépris pour les spectateurs, auxquels il se croit supérieur. Ce mépris, il est vrai, lui est rendu avec usure par le public qui se plaît à placer sur le même rang un véritable artiste et un misérable jongleur, si le premier refuse de prendre les détestables habitudes de l'autre.

(1) V. cette pièce de Shakespeare.

Ah! pourtant un acteur mort depuis peu et que le monde, du moins sous beaucoup de rapports, n'aurait pas dû regarder comme un grand et véritable artiste, donna souvent dans cette folie. Bien des fois il sacrifia la vérité de son jeu et de son maintien à des applaudissemens bruyans et éphémères.

LE GRIS.

Quelle pauvreté d'esprit, quelle impudence, quelle ame étrangère au sentiment de l'art ne montre-t-on pas quand on court après une aussi insignifiante approbation?

LE BRUN.

Ne dirait-on pas, mon cher, le bruit soudain que l'on fait en éternuant quand on a dans le nez une prise de fort tabac?

LE GRIS.

Ah, ah, ah, en effet, et nous savons tous que l'éternuement est contagieux.—Mais! mais que dites-vous de ces implacables cris avec lesquels on redemande un acteur? Ils me répondent jusqu'au fond de l'ame; car quand le public crie et que les écus résonnent dans ma caisse, je dois m'attendre le lendemain à recevoir une lettre où l'on me demande impérieusement une augmentation d'appointemens : puisque, mon cher directeur, je jouis de la faveur unanime du public, comme vous avez pu vous en convaincre hier, il est juste que.....

Dieu du ciel, comment détourner l'orage qui menace ces biens acquis par de difficiles et laborieux travaux et qu'un vent désastreux disperse comme de la paille ! quel est votre avis sur cette manière de redemander les acteurs ?

LE BRUN.

Mon opinion se fonde entièrement sur la doctrine de l'amour et des favoris. Autrefois cet appel après la chute du rideau était un rare et honorable témoignage du mérite supérieur de l'artiste et de l'amour qu'on avait pour lui; maintenant ce n'est la plupart du temps qu'un bouffon divertissement semblable à ceux qui en Angleterre ont coutume de suivre une pièce sérieuse, et qui sont un grand régal pour notre public allemand. Mais, disons-le, il faut avoir une même mesure pour les uns et pour les autres.

LE GRIS.

Comment l'entendez-vous?

LE BRUN.

Si, comme il arrive rarement, on distingue réellement le vrai mérite, si l'on ne redemande que l'acteur qui ne se sera point contenté d'avoir eu de beaux momens dans son rôle, mais qui l'aura joué avec un succès complet, il croira que l'on méconnaît son talent, si on redemande avec le même enthousiasme puéril quelque misérable qui aura bien crié, ou gesticulé avec bruit; mais quant aux vrais applaudissemens, à ceux qui font honneur à un artiste, tout est comme autrefois, rien n'est changé.

LE GRIS.

Du reste il me paraît entièrement dans la nature des choses que l'acteur cherche à mériter les suffrages du public plus que les autres artistes qui représentent un ouvrage qui ne frappe pas les sens autant que le chant ou la pantomime.

LE BRUN.

Sans doute, mais le véritable artiste saura distinguer les applaudissemens sincères de ceux qui seront mensongers. Les premiers seuls seront honorables et pourront influer sur son jeu; et de même que dans la comédie les éclats de rire qu'amène le plaisir sont pour l'acteur la preuve la plus certaine qu'il joue bien, ou qu'il a bien joué, de même dans la tragédie, c'est l'attention vraiment pathétique du public qui témoigne de la vérité du jeu. Que doit éprouver un acteur quand il est bruyamment applaudi comme Franz Moor dans l'effrayant récit du terrible rêve des Brigands (1)? ne doit-il pas croire alors qu'au lieu d'être vrai il n'a montré qu'un jeu brillant mais faux. Si au contraire il règne un profond silence, s'il n'est interrompu que par de légers chuchot-

(1) Pièce de Schiller.

temens, si la respiration difficilement retenue produit une espèce de bruit sourd, si un soupir s'échappe involontairement de la poitrine gonflée, il connaîtra alors qu'il n'y a que la plus parfaite vérité dans le jeu qui puisse profondément remuer l'ame du spectateur. Je tiens ces observations de la bouche même d'un excellent acteur, d'un véritable artiste. Il m'a assuré que quoiqu'il lui fût impossible de reconnaître les traits d'une figure au-delà des lampes éblouissantes de l'avant scène, quoiqu'il ne dirigeât jamais ses regards vers les spectateurs, alors dans de pareils momens il voyait comme en esprit, sur leurs visages, des impressions de crainte, d'épouvante, de chagrin. Dans ces instans terribles, ajoutait-il, il sentait comme un frisson glacé qui parcourait tous ses membres. Au milieu de ces transes s'éveillait en lui un esprit supérieur, identique avec le rôle dont il était chargé. C'était alors ce personnage qui continuait de jouer quoique observé et surveillé par cette conscience qui ne s'efface jamais.

LE GRIS.

Votre acteur a en effet un véritable caractère d'artiste, un génie créateur. Il n'y a que l'enthousiasme dominé et réprimé par une raison supérieure qui puisse enfanter une œuvre classique. Le rôle n'est créé que par un être inspiré, poète au fond du cœur, tandis que la conscience intelligente de sa propre personnalité, surveille le développement du poète et lui donne assez de force pour se produire à la vie sous une forme corporelle.— Combien peu sont capables de cette double faculté! — Oui, oui, un artiste dont le talent est du reste original crée un personnage bien différent de celui que le poète avait devant les yeux.

LE BRUN.

Ah! vous m'amenez à un sujet bien éloigné de celui dont nous parlions tout à l'heure. — Quand j'y pense tous mes membres sont agités comme par le frisson. — Combien fade et misérable doit être le drame où, contre l'intention du poète, on peut supprimer ou plutôt défigurer un rôle sans gâter l'ensemble de l'ouvrage. — Mais malheureusement il y a eu et il y a encore tant de pièces dont les personnages sont comme des feuilles blanches que doit remplir l'acteur ! Beaucoup de soi-disant poètes se mettent aussi à travailler pour la vanité du comédien et ressemblent au maestro qui trace légèrement un cadre dans lequel la témérité du chanteur se donnera une libre carrière et quitte le rôle de maître pour celui d'humble manœuvre. Il n'y a rien qui m'assomme plus que d'entendre dire : « Ce personnage est créé pour cet acteur, celui-ci pour cet autre; cette partie est pour tel ou tel chanteur. Et les vrais poètes doivent-ils donc jamais être esclaves des individualités? ne sontelles donc pas du domaine de l'univers, ces formes qu'il a produites avec une vérité si puissante? Malheureusement les acteurs sont gâtés par toutes ces concessions, et comme il est bien rare que le ciel leur ait donné le sentiment de la vraie poésie, ou celui d'une juste critique, ils taillent tout sur leur patron, et défigurent par leurs absurdes transformations un personnage d'une pièce conçue avec génie. Il est facile de penser quels en sont les résultats. Je me rappelle qu'un jour un jeune acteur qui faisait

partie de ma troupe voulut jouer
le rôle du Corrège. Je lui représentai la difficulté de l'entreprise
qui devenait encore plus grande
par le talent qu'avait déployé son
prédécesseur. Je l'ai vu, me dit-il
d'un air indifférent et presque méprisant, puis il ajouta avec un rire
prétentieux : Je vois le rôle sous un
tout autre point de vue, et ce caractère sera tout entier de ma création. — Ces paroles m'effrayèrent
et je lui demandai tout bas comment il créait et ce qu'il créait ? Je
représente, me dit-il avec un air
très satisfait de lui-même, je représente le Corrège comme un peintre
enthousiaste entièrement transporté dans la région de l'art divin.

—Là dessus je pense, et vous pouvez bien le croire, qu'il doit en être ainsi, puisque c'est la manière de faire ressortir le tragique contraste de sa vie extérieure, pauvre et nécessiteuse, et qu'avant lui le rôle avait été conçu à peu près dans le même sens. Il laissa échapper un sourire ironique et malin, et me donna à entendre qu'il n'y avait que le talent original d'un artiste comme lui qui pût rendre avec force et d'une manière vivante les principaux traits de ce magnifique caractère que le poète avait complétement omis. — Quel est donc votre secret? lui demandai-je avec assez d'impatience. — Il me répondit très doucement et avec une légère inclination de tête : Je ferai le Corrège entièrement sourd.

LE GRIS.

Admirable ! ô admirable ! — Je crois toutefois que même dans des pièces médiocres il est très dangereux de faire peu de cas de l'intention de l'auteur et de suppléer de son propre fonds des choses auxquelles il n'a nullement pensé. On entend souvent dire de tel ou tel grand acteur qu'il joue un petit rôle tout-à-fait insignifiant et peu important dans la pièce avec tant de perfection, et le crée d'une manière si originale, que tout, autour de lui, en est éclipsé. On peut produire par là un fort joli effet ; mais alors indubitablement il faut envoyer au diable toute unité, tout ensemble dans la pièce.

LE BRUN.

Ce n'est que trop vrai, et la cause de ces sottises n'est pas autre chose que la vanité sans bornes et l'envie de se faire valoir aux dépens du poète et de ses camarades.

LE GRIS.

Comment se fait-il donc que cette vanité soit une maladie locale particulière aux artistes dramatiques?

LE BRUN.

Vous revenez sur vos anciens sujets de plainte, mais nous avons assez long-temps uni nos soupirs et nos gémissemens pour que je n'hésite pas à vous confier au sujet de nos artistes plusieurs avis qui ne sont pas sans importance. Il reste toujours constant que la plupart, et les exceptions sont en petit nombre, sont vaniteux, débauchés, remplis d'amour-propre, capricieux, extravagans, et il semble qu'une malédiction pareille à celle du péché originel, à laquelle rien ne peut nous soustraire, pèse sinon sur l'art lui-même, du moins sur l'exercice de l'art. J'ai connu un jeune homme d'un sens droit, d'un esprit sain et libre et d'une volonté forte qui, entraîné par de secrets penchans se consacra aux jeux de la scène, et ne tarda pas à perdre toutes ses bonnes qualités et à tomber dans le délire comme ses camarades dès qu'il eut mis le pied sur ces maudites planches.

LE GRIS.

Il y a donc au fond de l'art un péril caché qui n'est nullement pressenti et encore moins repoussé par les ames faibles ?

LE BRUN.

C'est très vrai. — Je vois mon cher ami, mon digne collègue, que vous savez déjà l'endroit où l'écueil s'élève au-dessus des eaux. — Aussi ai-je à peine besoin de continuer.

LE GRIS.

Pourquoi donc, je vous prie ?

LE BRUN.

Y a-t-il un art dont les progrès et la perfection soient plus dépen-

dans de la personne de l'artiste
que l'art théâtral? Une des conditions de son exercice, c'est la mise
en scène de la personne même de
l'acteur. Mais il faut bien considérer
que présenter son propre individu,
est la plus grande faute que puisse
faire un comédien. L'artiste qui met
de la vérité dans son jeu doit avoir
assez de force d'esprit pour se représenter avec de vives couleurs le
personnage à qui le poète a donné
l'ame et la vie, c'est-à-dire pour se
pénétrer des motifs secrets qui sont
dans une harmonie nécessaire avec
son langage, son maintien, ses
gestes. Dans nos rêves nous créons
des êtres étrangers qui se dessinent
dans une parfaite ressemblance

avec leurs modèles, et les reproduisent trait pour trait. Quant à cette opération de l'esprit que rend possible en nous l'état vague et mystérieux du rêve, le comédien doit avoir sur elle une puissance absolue ; en un mot, pouvoir à la lecture du poème évoquer avec la plus exacte vérité le personnage créé par le poète. Mais on n'a pas tout fait encore avec cette énergie intellectuelle; il lui faut de plus un de ces dons dont le ciel est si avare, un de ces dons qui permettent à l'acteur d'être tellement maître de lui-même qu'il soumette aux ordres de sa volonté les plus petits, les plus indifférens de ses mouvemens. Le langage, la démarche, le maintien, les gestes, ne sont plus ceux de cet individu qu'on appelle un acteur, mais du personnage dans lequel le génie du poète a fait passer la vie et la vérité, et qui dès lors jette ce brillant éclat derrière lequel disparaît comme un zéro sans valeur la personne du comédien. Ce déguisement perpétuel ou plutôt ce sacrifice absolu du moi, est la plus importante condition de l'art théâtral.

LE GRIS.

Ah! combien en trouve-t-on qui aient ce courage?

LE BRUN.

Peut-être a-t-il existé quelque pays magnifique dont le déluge engloutit les richesses, mais qui, dans ses plaines sablonneuses, brillantes d'épis d'or, laissait entrevoir un Eldorado réalisé. Dans la puissance intellectuelle il y a des degrés ; le sentiment intime des exigences imposées à l'artiste dramatique, la bonne volonté de faire tous les efforts pour y satisfaire, seraient couronnés du succès, quand même il ne posséderait cette énergie que dans une faible proportion. Mais malheureusement les comédiens, pris en général, taillent leurs rôles sur leur individu, comme un tailleur en agit pour les habits qui forment leur garde-robe. Ce n'est pas le personnage du poète, c'est leur propre personne qu'ils ont devant les yeux, et prennent pour devise les paroles de celui qui a dit : dans toute circonstance, je me conduirai tant bien que mal, suivant mes idées et mes inclinations. Comme ils n'ont pas de leurs rôles un sentiment bien net, ils ressemblent à des caractères stéréotypés, changent toujours de costumes et ne laissent pas pour cela de duper le public par l'éternelle uniformité de leur jeu. Le poète s'efface entièrement, et le comédien, qui doit lui servir d'organe, ne rend que ses propres inspirations.

LE GRIS.

Il me semble que vous voulez prendre le parti de nos artistes ; dans ce cas, je n'attends de vous rien que de mauvais.

LE BRUN.

Je vous ai parlé des dons si rares de la nature, de cette organisation toute particulière qui seule permet au comédien d'atteindre la vérité dans l'art. Un travail opiniâtre et de grandes connaissances font beaucoup, il est vrai; mais comme on naît artiste, on peut dire aussi qu'on naît comédien. Par exemple cette apparition personnelle de l'acteur, étrangère à l'idée du poète, quoique funeste à l'art, peut souvent réussir, parce qu'elle semble montrer un certain degré d'originalité : je dis semble, car cette originalité n'est qu'une manie dont les arts ne veulent point. — Suffit. — L'artiste doit naître tout parfait;

mais comme la nature parcimonieuse n'a pas coutume de prodiguer ainsi ses dons, mais bien de les réserver spécialement pour les enfants nés sous une heureuse constellation, un théâtre composé uniquement d'artistes si favorisés, ne pourrait se rencontrer que dans quelque céleste Eldorado : aussi, nous autres directeurs, devons-nous abaisser nos prétentions et nous contenter de faire sur le public le plus d'illusion possible. Bienheureux le théâtre qui possède deux, trois de ces phénomènes! Souvent il ne brille qu'un seul astre sur le sombre horizon de notre ciel théâtral. — Aussi un directeur doit-il estimer et honorer, doit-il précieusement conserver ceux qui possèdent, du moins en eux-mêmes, un véritable sentiment de l'art, et leurs consciencieux efforts pour lui donner de l'expression auront toujours un heureux résultat.

Il faut alors un talent particulier dans le directeur pour dresser à des positions capables de produire de l'effet les acteurs entièrement étrangers à cette science, et trop préoccupés de leur propre moi pour sortir du cercle étroit où ils sont confinés par la faiblesse de leurs regards; il en résulte qu'il se sert de la personne du comédien comme d'un instrument actif et aveugle. On verra combien sont pardonnables les défauts de ces jeunes artistes, si l'on réfléchit qu'ils sont l'effet du contraste de leur faible nature avec la puissance de l'art auquel ils consacrent leurs efforts. Avec ces idées bienveillantes, avec cette noble humilité qui convient à un talent inférieur, et principalement grace à la connaissance intime que nous avons des faiblesses de nos jeunes artistes, connaissance qui nous donne sur eux tout le pouvoir de l'ironie, il arrivera nécessairement que la jalousie, ce ver rongeur de l'existence, s'exilera de nos foyers. Une volonté ferme et inébranlable dans les choses qui influent sur l'ensemble, à laquelle on mêle quelques légères concessions dans les cas accessoires, dans ces riens qui paraissent importans à la sottise ; voilà les solides fondemens sur lesquels on élève le trône d'un directeur de théâtre.—Qu'ai-je besoin d'ailleurs de vous rappeler les petits procédés, et même la petite dose de méchanceté et de malice qu'un directeur doit toujours avoir à son usage, vous le savez aussi bien que moi ; mais je dois encore ajouter que nos acteurs, et principalement nos actrices, dût-on les appeler égoïstes et capricieuses, ressemblent, pris en masse, à ces enfants gâtés qui ne cessent de pleurer que lorsqu'on leur jette une brillante poupée. — Mais pourquoi me regarder avec cet air de mauvaise humeur ? — Auriez-vous encore quelque chose sur le cœur, ou ne trouveriez-vous pas juste ma théorie de la direction théâtrale?

LE GRIS.

Oh ! vous parlez d'après mon cœur. — Mais, que ne vous offrirais-je pas pour convertir mes artistes ! Pourtant, — je veux faire trêve à mes plaintes. — Combien j'ai dû vous ennuyer avec tous ces mécontens qui ne trouvent de bon que ce qui est sanctionné par quarante ans d'expérience; ces hommes qui, avec leur tête branlante et leurs pieds mal assurés, veulent encore jouer les amoureux; ces femmes qui s'arrêtent au milieu de leurs rôles comme une horloge italienne au bout de vingt-quatre heures!

Mais, mon Dieu, combien nous sommes loin de notre excellent Kajus! — Vous êtes donc d'avis que je ne dois pas écouter le public, et qu'il faut laisser partir cet insupportable fou.

LE BRUN.

Sans doute, et même sans délai.

LE GRIS.

Mais le public murmurera.

LE BRUN.

Pendant huit jours peut-être, puis il se plaindra, applaudira à outrance chaque air chanté par Kajus, et quinze jours après il n'y pensera plus.

LE GRIS.

Il me faudra d'abord essuyer un effroyable orage, si l'on vient à

savoir que les représentations de
Gusman-le-Lion n'auront pas lieu.
Le premier en lice est Ampedo, qui
m'accablera de reproches et d'invectives : — il ira parler partout de
ma nonchalance, de ma mauvaise
volonté, et il me faudra souffrir
toutes ses criailleries. A la dernière
répétition, ce n'étaient que visages
mécontens, que chanteurs et cantatrices qui murmuraient tout haut,
disant qu'ils consumaient inutilement leur temps et leurs efforts à
étudier des parties difficiles qu'ils
ne pourraient exécuter. J'en aurais
autant à dire du chef de la musique
qui, à la sueur de son front, a ac-
compli son devoir de maître et

n'aura pas le bonheur de recueillir là où il avait semé.

Puis ce sera le tour du machiniste qui viendra crier : « Que diable fait là tout cet étalage de machines que je n'entends ni siffler, ni craquer ?» Le coiffeur presse avec tendresse contre son cœur ses magnifiques perruques, caresse son élève Gusman, et dit, en soupirant et en m'adressant un regard équivoque : « C'est donc ainsi que le talent, le génie doit rester enfoui dans l'obscurité ! — Eh quoi ! — ne donnera-t-on pas l'opéra d'Ampedo? — Voilà ce qui arrive quand il faut qu'une œuvre originale paraisse sur la scène. »— Puis suivent les invectives que l'on réserve pour moi, pour moi seul qui suis innocent de tous ces obstacles.

LE BRUN.

Songez à apaiser les clameurs du public par quelque nouveauté intéressante, par la plus insignifiante bagatelle : jetez-lui quelque brillant joujou et vous aurez bientôt conjuré l'orage; — ou bien — si vous mettiez à profit les talens du chien? cet animal est élevé pour le théâtre.

LE GRIS.

Excellente idée; — mais le talent du chien est très spécial; il sera difficile de le dresser promptement à remplir un nouveau rôle.

LE BRUN.

Tenez-vous-en à ce qu'il sait; donnez-lui un rôle dans un ouvrage qui soit reçu au répertoire : il y a des pièces dans lesquelles on fourre tout ce qu'on veut. Il serait plaisant et original de mettre un rôle de chien dans les Répétitions, le Comédien malgré lui, ou dans toute autre pièce à tiroir!

LE GRIS.

Oh! non, impossible..... le chien a trop de vocation et de penchant pour le genre sentimental. Il pourrait peut-être, dans Misanthropie et Repentir, représenter le bichon d'Eulalie, qui est en même temps son défenseur, et se jeter avec bonheur sur l'inconnu, son ancien maître, qui avait perdu l'esprit du moment où il avait éloigné sa femme. Elle arrache son mari à la fureur du chien, — sujet d'une scène touchante. — Peut-être la pièce et les Eulalies sont-elles trop vieilles : peut-être le chien pourrait-il aussi paraître avec avantage dans Edwige, et gronder avec rage dans la Fureur des Partis.

LE BRUN.

Avisez à ce projet ; en général, je vous conseille de faire jouer la musique pendant les scènes du chien, car bien qu'il ne soit pas un célèbre chanteur, cependant il doit être habitué à la musique.

LE GRIS.

Oh ! maintenant je dois baisser pavillon et vous reconnaître comme le maître le plus expérimenté qui existe en fait de mise en scène, comme l'homme le plus habile à assaisonner les mets que l'on offre au public. Mais j'aurai encore de rudes affaires avec ces messieurs et ces dames qui ne veulent jamais comme moi : du reste, dans une désunion perpétuelle, il n'y a qu'une voix quand il s'agit de s'opposer à mes volontés ou de détruire mes espérances.

LE BRUN.

Homme infortuné! faut-il que le sort ennemi se soit plu à réunir sous votre direction toutes ces têtes si remuantes et si obstinées !

LE GRIS.

Ne croyez pas cependant qu'il ne m'arrive jamais d'engager des artistes qui sachent allier à l'exercice de leur art des opinions raisonnables et un travail assidu. Pourtant, je dois le dire, je rencontre toujours sur mon chemin quelque petit obstacle, tantôt l'un, tantôt l'autre. Ainsi, par exemple, j'avais une sincère et véritable affection pour l'acteur qui jouait les rôles de caractère avec un si grand degré de perfection qu'il eût mérité de devenir le favori du public, dans le sens le plus noble du mot, dans celui que vous lui donniez tout-à-l'heure. Il prend son art au sérieux; de là, l'ardeur infatigable avec laquelle il s'identifie avec ses rôles, quand d'autres ne font que les étudier. Cependant il ne peut jamais se promettre une réussite complète, car l'inconcevable sus-ceptibilité, produite en lui par une chagrine et profonde défiance, peut en un moment lui faire perdre son aplomb. Il est aussi ombrageux à l'égard des autres qu'à l'égard de lui-même : un coup de fouet manqué, l'entrée intempestive d'un personnage, une épée, une lumière qui tombent à terre pendant son monologue, et par-dessus tout le bruit de personnes qui parlent à voix basse à côté de lui, et dans lequel il croit habituellement entendre son nom ; tous les petits accidens possibles, qu'ils soient l'effet du hasard ou d'une faiblesse de l'humanité, sont autant de perfides complots tramés pour lui faire per-

dre la tête; il se trouble, en proie
à une poignante douleur, et alors
déchire même ses amis les mieux
intentionnés. Il lui arrive aussi souvent de se mettre en colère contre
lui-même lorsqu'il fait quelque méprise ou découvre subitement quelque défaut dans son jeu.

LE BRUN.

Par le ciel ! — au portrait que
vous faites de cet excellent acteur,
je reconnais celui que le printemps
me ramena plusieurs années de suite
dans les riantes contrées du midi,
où ma troupe donnait alors des
représentations. Moins qu'il ne le
pensait, cette profonde et intérieure mélancolie qui le dominait
avait une cause physique, puisque,

comme on le voit souvent, il fallait en chercher le motif, purement moral, dans une volonté molle qui n'était pas arrivé à une connaissance parfaite du but proposé à ses efforts. Cet artiste poussait si loin la défiance ou les soupçons dont vous parliez tout-à-l'heure, qu'il regardait les accidens les plus futiles et les événemens les plus insignifians survenus pendant le cours de la représentation, comme autant de traits méchamment dirigés contre lui. Le mouvement d'une loge, le bruit presque insensible de deux conversations, et Dieu sait par quel organe il pouvait l'entendre, ou même le voir, lorsque dans des passages pathétiques il avait élevé sa voix jusqu'au ton le plus haut, il était tellement hors de lui que ces bagatelles suffisaient pour lui faire perdre la carte ; aussi, souvent restait-il chez lui ou quittait-il la scène en proférant de grossières injures.

Un jour qu'il jouait dans le roi Lear la scène des imprécations avec cette verve et cette entraînante vérité qu'il mettait dans tous ses rôles, il s'arrête tout-à-coup, laisse tomber lentement son bras, lance un regard de feu sur une loge ou deux femmes traitaient quoique assez bas un important sujet et discutaient vraisemblablement l'effet d'une parure nouvelle, il s'avance précipitamment vers la rampe, s'incline légèrement et s'écrie très distinctement : « Quand les oies glappissent, l'homme doit se taire. » Puis il quitte la scène à pas mesurés. Je vous laisse à penser quelle fut l'indignation du public, qui se mit à demander qu'on lui fît de solennelles excuses. — Vous parliez tout à l'heure d'acteurs redemandés après la chute du rideau. — Rien n'était plus insupportable pour notre artiste que de s'entendre rappeler quand il croyait n'avoir pas bien joué ses rôles. Je me repens encore maintenant de l'avoir forcé, malgré l'opiniâtreté de son refus, à céder aux cris du public un jour qu'il avait parfaitement rempli le rôle d'Hamlet, tandis que selon lui

il s'était trompé dans deux endroits.
— Il arrive lentement et d'un air ému, s'avance jusqu'aux lumières, jette un regard étonné sur le parterre et un coup-d'œil fixe sur les loges; lève les yeux en haut, croise ses bras sur sa poitrine et dit d'une voix solennelle : « Pardon ! Messieurs, mais vous ne savez ce que vous faites. » Vous devinez quel assourdissant vacarme et quels sifflets suivirent ce discours. Quant à lui il retourna au vestiaire joyeux et content d'être déchargé d'un poids qui lui pesait.

LE GRIS.

Ah ! non. — Mon artiste de prédilection ne va pas si loin. Il est vrai que lorsqu'il veut jouer ou qu'il a joué quelque rôle important il ne cesse d'en parler et vous accable de ses questions. C'est la suite de cette défiance qui l'honore puisqu'elle caractérise le véritable artiste.

LE BRUN.

Justement. — Il n'y a que des machines qui soient assez absurdes pour être satisfaites de tout ce que fait leur personne; sans le sentiment vrai d'un idéal inaccessible, sans un effort continuel pour l'atteindre, il n'y a pas d'artiste. Seulement cette défiance de soi-même ne doit pas dégénérer en mélancolie et se tourner en une affreuse hypocondrie qui paralyse l'élan du génie. Au moment de la création, l'inspiration peut bien prendre un brillant essor pourvu toutefois que la raison la réprime et lui tienne la bride ; pour le comédien dont je vous parlais, cette défiance, cette mélancolie était une vraie maladie de l'ame. — Il lui arrivait la nuit au milieu de ses insomnies d'entendre autour de lui des conversations dont il était l'objet et où l'on critiquait la plupart du temps avec la plus grande amertume la défectuosité de son jeu. Il me répétait tout, et j'étais étonné d'y voir la critique la plus délicate de l'art, l'intelligence la plus complète de toutes les parties, et cependant, comme le dit Schubert (1), c'était le poète intérieur qui parlait en lui.

LE GRIS.

Dites plutôt c'est la voix de la conscience, un sentiment profond de son être exprimé en paroles. L'esprit familier s'échappe du cœur, et, être indépendant, parle un langage sublime. Dieu du ciel ! je souhaiterais à ces messieurs et à ces dames un petit démon qui les assistât à point nommé.

LE BRUN.

Une horloge comme celle du roi Philippe serait chose assez commode.

---

(1) V. Schubert, Symbolique du rêve.

LE GRIS.

Qu'entendez-vous par l'horloge de Philippe?

LE BRUN.

Philippe, roi de Macédoine, se faisait dire tous les jours : Tu es un homme. Ce qui amène le plus humoriste des écrivains humoristes de l'Allemagne, je n'ai pas besoin de nommer Lichtenberg, à la plus brillante sortie que vous connaissiez sur les horloges parlantes.

LE GRIS.

Des horloges parlantes? Je ne me souviens que confusément de cette pensée que vous citez.

LE BRUN.

Il y a des horloges qui jouent au premier quart d'heure le quart d'un petit morceau de musique, au second la moitié, au troisième les trois quarts et à l'heure tout le morceau : or, Lichtenberg pense que ce serait une jolie chose que de pouvoir, au moyen d'un mécanisme particulier et industrieux, faire dire à une horloge, Tu es un homme! et cette phrase il la partage en quatre quarts, comme la pièce de musique. Au premier quart d'heure l'horloge fait entendre Tu, au second Tu es, aux trois quarts Tu es un, et quand l'heure sonne, elle dit toute la phrase. Lichtenberg pense avec raison que le cri Tu es un, qui part aux trois quarts, vous offre une favorable occasion de vous considérer attentivement jusqu'à ce que l'heure vienne à sonner. Vraiment ! — je pense que cet examen, qu'il est forcé de faire en lui-même, doit lui être aussi fâcheux qu'incommode et accablant.

LE GRIS.

Et toujours, je ne comprends pas comment votre horloge de Philippe....

LE BRUN.

Figurez-vous que cette horloge, si artistement exécutée, soit placée dans la salle de l'assemblée ; figurez-vous quelque comédien gonflé d'orgueil, couvert du riche costume avec lequel il représente les héros et les rois, se pavanant devant un grand miroir, souriant avec complaisance à la divinité qui brille dans ses yeux, qui se repose pour ainsi dire sur ses lèvres, plissant la fraise de dentelle des anciens Allemands, ou couvrant ses épaules des plis pittoresques du manteau grec. — Peut-être le dieu a-t-il lancé ses éclairs sur quelque pauvre collègue terrestre, fait bruyamment résonner son tonnerre; — peut-être a-t-il livré au directeur quelque infructueux combat ; — peut-être est-il plein du doux nectar dont l'enivre la sottise; — les lumières sont allumées, les instrumens préludent dans l'orchestre ; — il est cinq heures trois quarts, alors l'horloge crie lentement, et avec un bruit sourd : Tu—es—un. Croyez-vous que le dieu restera complètement impossible ? Ne serait-il pas possible que ce moniteur fantastique lui suggérât une foule de réflexions, et même qu'il lui vînt à l'esprit de penser qu'il n'est pas tout-à-fait un dieu ?

LE GRIS.

Je crois que votre comédien ajouterait à ces mots : Tu es un, — ceux-ci : Grand et colossal génie ; — Phénix du monde théâtral, — Admirable virtuose.

LE BRUN.

Non, non ! — il y a des instans où une puissance secrète ôte à l'égoïsme le plus vaniteux toute son ostentation, au point de le contraindre à voir et à reconnaître sa pitoyable nudité. Par exemple dans une nuit d'orageuse insomnie, son moi idolâtré lui apparaît souvent tout autre que pendant le jour. Son ame retentit encore des avertissemens imprévus du fantôme ; on dirait des coups de marteau sur une cloche de métal; mais la voix de la conscience parle de nouveau à notre comédien : elle lui disait autrefois qu'il méritait d'être le favori du public dans le sens le plus étendu du mot, comme l'avaient été les Eckof, les Schrœder, les Flecke, et qu'il est mille fois heureux et digne d'envie le sort du directeur qui peut faire briller un tel astre sur l'horizon de son théâtre !

LE GRIS.

Je ne puis assez vous dire combien ce précieux acteur mérite d'éloges pour les rôles de caractère. Quand on demande du nouveau et toujours du nouveau, je dois à lui seul de pouvoir offrir au public, du moins sans un danger bien redoutable, les ouvrages insignifians de quelques esprits oisifs, ces absurdes pièces à tiroir, ces variations éternelles sur un même thème, ces plates traductions de fades ouvrages français, telles qu'on en vient vendre à notre comité d'aujourd'hui ; car il arrive toujours à mon petit Garrick de donner aux personnages de ses rôles la figure la plus vive et la plus animée, de les représenter avec tant de force et de vérité, qu'il donne la couleur et la vie à la création fabuleuse du poète, et fait oublier la pauvreté de tout l'ouvrage, qui, du reste, ne tarde pas à mourir et à tomber dans l'oubli, écrasé sous le poids de sa faiblesse.

LE BRUN.

Ainsi votre petit Garrick, je me sers de votre propre expression, n'aura continuellement dans son répertoire que des rôles insignifians, et emploiera péniblement son talent à raviver des images décolorées?

LE GRIS.

En effet, il ne se passe pas de

semaine où il ne lui tombe quelque rôle de cette espèce.

LE BRUN.

Et sans réplique? il s'en charge?

LE GRIS.

Avec la meilleure grâce du monde : il est même content de faire passer la vie dans ces compositions inanimées du poète, ou plutôt du rapsode; et voilà son grand mérite à mes yeux.

LE BRUN.

Eh bien! moi, je l'en blâmerais presque.— S'il en est ainsi, je croirais à votre petit Garrick plus de talent que le vrai génie, car sans cela il faudrait attribuer à une simplicité extraordinaire, ou à ce plaisir puéril que trouve un enfant à voir les éclairs rayonnans d'un feu d'artifice qui passe en peu de momens sans produire d'effet, cette disposition d'esprit qui lui fait porter sur lui-même une main meurtrière. Quant à vous, mon cher collègue, au lieu de favoriser de si dangereux efforts, vous devriez les arrêter de tout votre pouvoir; car, avec votre permission, vous déchirez vos propres entrailles, où prenez, en favorisant ce suicide, une dose d'Aqua tofana, qui vous fait périr d'une mort misérable et prématurée.

LE GRIS.

Comment? je ne vous comprends pas, vous parlez par énigmes.

LE BRUN.

Les cheveux gris épars dont ma tête est déjà parsemée, les rides qui sillonnent mon front et mes joues, ne doivent-elles pas me servir d'excuse suffisante, si en conversant avec vous, mon cher collègue, il m'arrive de temps en temps de tomber, sans le vouloir, dans le ton doctoral? Mais, en général, je vous prie de vouloir bien ne prendre ce que je vous dis que comme l'expression d'un sentiment personnel à la justesse duquel un vieillard aime à croire, parce qu'il lui paraît le résultat de quarante ans d'expérience. Il me semble que si votre Garrick n'est pas un simple talent, mais bien un vrai génie; s'il peut cependant être rabaissé par tel ou tel de ces accidens qu'amènent les vicissitudes de notre vie terrestre, s'il est doué de cette force extraordinaire qui ne se trouve habituellement que chez les hommes de génie, il se gardera bien de faire un abus pernicieux de son talent.

LE GRIS.

Pour l'amour de Dieu, je suis bien heureux qu'il soit dépourvu de cette énergie qui causerait ma ruine !

LE BRUN.

Silence ! silence ! laissez-moi finir de parler. Il n'y a rien de plus commun que de voir des comédiens de cette espèce, enfans d'Apollon, qui portent, il est vrai, l'arc de leur père divin, mais sans pouvoir le tendre, s'habituer au mal et trouver précisément le plaisir dans ce qui est indigne de leur génie. Ainsi, leurs forces se paralysent de plus en plus, et bientôt ils deviennent incapables de prendre un vol plus élevé : là est la plus dangereuse illusion que l'on puisse se faire à soi-même. On trace des portraits détachés, on les encadre dans des ouvrages qui ne peuvent vous inspirer, et, pour me servir d'une comparaison musicale, on exécute un solo composé isolément, puis des accords arbitraires vous servent de transition pour le reste. Ils perdent l'habitude d'ouvrir leur cœur aux rayons de la vraie poésie, de manière à communiquer le feu qui l'anime à la forme fantastique créée par le poète, et lui donner avec la vie une chaleureuse réalité. Bien plus le voyageur, fatigué et mécontent de ne rencontrer sur sa route que des marais, finit par douter qu'il y ait des collines couvertes d'un gazon frais et verdoyant, ses yeux et son imagination ne découvrent plus rien. — Savamment parlé! — Votre Garrick, habitué à remplacer les rôles qu'on lui donne par des personnages de sa création, doit s'en tenir aux premiers et repousser les autres; ainsi, l'étude proprement dite des rôles, quelque remarquable qu'elle soit, sera totalement perdue. En général, comme je ne puis concevoir comment un homme sensé peut se mettre dans la tête ces tragédies et ces comédies dont la fadeur égale la grossièreté, il est clair que leur heureuse mémoire leur devient bientôt inutile et pour ces drames et pour des chefs-d'œuvre, surtout s'ils sont écrits d'après toutes les règles de la prosodie. Ainsi, pour courir après un succès éphémère, ils renoncent à tout ce qui est élevé, à tout ce qui est durable : ainsi se perd ce talent, l'ornement de votre théâtre. D'autres comédiens, bien moins partagés, ne manqueront pas de nourrir vos idées par une foule de conseils bienveillans, par nombre d'observations délicates, et de prendre la place abandonnée par un dangereux rival. En vain ceux-ci cherchent la faveur du public que leur chef a perdue, je dis qu'il a perdue, car croyez-moi, le public vient souvent à prendre pour une pierre commune le diamant qu'on lui montre journellement sous un faux jour.

LE GRIS.

Il y a du vrai dans ce que vous dites, je le vois bien; mais en même temps, vu le mode d'existence actuelle de notre monde théâtral, il est complétement impossible de ne donner que des rôles remarquables à un comédien d'un talent flexible et original. Vous êtes vous-même directeur de spectacle, vous connaissez la pauvreté de notre répertoire, il serait donc superflu d'entrer dans de plus longues explications.

LE BRUN.

Ne croyez pas que je veuille voir votre Garrick s'exercer exclusivement dans ce qu'on appelle les premiers rôles : il y a beaucoup de choses qui, sans avoir un extérieur brillant, tirent leurs développemens de combinaisons profondes. Des rôles peu apparens doivent souvent, à la volonté du poète ou plutôt par la condition nécessaire de la poésie, donner de l'ensemble à tout, puisque c'est au moment où sont en scène ceux qui les remplissent que se réunissent les fils divergens et égarés. Et qui peut donc jouer un tel rôle aussi bien qu'un génie? Non, je le répète, le vrai génie ne se prodiguera pas dans ces représentations éphémères qui, au lieu de vous élever au-dessus de vous-même, n'ont pour but que de faire une impression momentanée : au comédien demandez seulement un jeu profond, sérieux et vrai, sans lui interdire aucune expression, pas même cette plaisanterie enfantée par la hardiesse d'un esprit frondeur.

LE GRIS.

Vous éludez la question, vous ne parlez pas de nos affaires théâtrales dont je vous entretenais tout-à-l'heure. Considérez-les attentivement, vous avouerez qu'un acteur dont le talent a plusieurs faces ne doit nullement refuser de coopérer aux représentations du jour, quel que soit leur caractère.

LE GRIS.

Qu'appelez-vous un comédien dont le talent a plusieurs faces?

LE BRUN.

Belle demande! ma foi, c'est celui qui sait remplir tous les rôles, soit tragiques, soit comiques, avec une égale force et une égale vérité.

LE GRIS.

Je ne crois pas que dans cette flexibilité de tons il puisse être question du comique poussé à son plus haut degré.

LE GRIS.

Comment! et cependant on pourrait citer une foule d'exemples.

LE BRUN.

Laissez-moi m'expliquer d'une manière plus précise. Entendez par le mot de flexibilité cette force qui réside dans l'acteur, en vertu de laquelle il renonce entièrement à lui-même, revêt chaque fois le caractère propre de ses rôles, et, comme Protée, semble chaque fois devenir un autre personnage avec autant de réalité que je suis toujours le même à vos yeux; ce talent de s'identifier avec tous les rôles est enfanté par le génie original du comédien; mais, dieu merci, la race de pareils hommes

n'est pas encore éteinte sous le ciel.
Cette opposition que vous faites de
l'acteur comique et de l'acteur tragique suffirait pour me donner à
penser que vous prenez cette expression : à plusieurs faces, absolument comme le vulgaire. On restera étonné, ébahi devant le comédien qui ressemblera à l'habile
escamoteur qui sait tirer d'une
même bouteille du vin rouge et
blanc, de la liqueur et du lait; on
lui prodiguera les noms de grand,
d'incomparable. Aujourd'hui il fait
Macbeth, demain le Tailleur Wetzwetz; tantôt le Père de Famille allemand (1), tantôt le Franz Moor :
voilà la flexibilité du talent, s'écrie

(1) Pièce d'Iffland.

l'honnête populace, et elle donne tête baissée dans la mystification, croit que ce coquin de charlatan peut commander à la bouteille, en tirer à volonté, et comme par enchantement, chaque principe fluide, quoique le marchand de vin n'y ait mis que sa marchandise.

LE GRIS.

Vous choisissez pour exemple des rôles qui forment le contraste le plus frappant, et précisément j'ai vu des acteurs dont les contrastes étaient le triomphe.

LE BRUN.

Non, mon cher, non, impossible. Que ce soit l'un ou l'autre, peu importe, un des deux est faux. L'artiste dans le cœur duquel repose le merveilleux secret de cette poésie, puisée au fond des abîmes de la nature humaine, laisse échapper l'ironie, production d'un esprit étourdi, indépendant, sans patrie, qui plane dans les espaces. Au milieu de ses efforts pour concentrer en lui-même cette bouffonnerie inspirée par le monde extérieur, ou plutôt pour produire au-dehors ce qu'il a conçu en lui-même, l'image fantastique s'évanouit dans la vapeur et dans le brouillard. Je crois que ce comédien ne sera pas capable de représenter ce qui n'a pas son fondement dans la vie interne, et ce qui n'en procède pas : de même, l'acteur étranger à une étude approfondie de la nature humaine, et qui regarde comme des hommes véritablement animés les marionnettes étrangement taillées d'un arlequin fantasque, se verra pour jamais interdit le domaine de la vraie poésie. Chose étrange ! ces comédiens ont aussi leurs virtuoses, ceux qui font jouer ces marionnettes avec le plus de fidélité, ce qui deviendrait impossible sous le point de vue d'une vraisemblance rigoureuse. Le jeu de ces deux comédiens sera également faux, car celui-ci nous offre une chimère sous les couleurs de la vérité, celui-là, pour représenter des formes vivantes, emprunte au monde extérieur des moyens que peut seul donner le monde intérieur.

Mais on va encore plus loin : l'artiste initié dans les mystères profonds de la vie donne involontairement à ce qui est trivial la couleur de ce qui est distingué, comme l'autre revêt le trivial de cette grandeur secrète qui réside en lui-même : ils nous apparaissent ainsi tous deux chacun sous un aspect bien différent. Si Raphaël avait peint une noce de paysans, on eût vu des figures d'apôtres avec des habits de campagnards, comme dans une descente du Christ de Téniers on eût vu des paysans joyeux, au nez rouge, piliers de cabaret, revêtus de la tunique, aller porter Notre-Seigneur au tombeau.

LE GRIS.

Tout cela peut être très joli, très spirituel, mais je persiste à croire que vous avez l'expérience contre vous. Un esprit distingué ne peut-il donc pas exceller à la fois dans le tragique et dans le comique ? une imagination ardente et pleine de vie ne peut-elle donc concevoir les deux genres et les jouer avec une égale perfection ? Les artistes ne peuvent-ils donc pas, comme les poètes qui savent se servir tour-à-tour et de la gravité la plus sérieuse et de la mordante ironie comme Shakespeare...

LE BRUN.

Arrêtez ! arrêtez ! ai-je parlé du vrai comique ? n'ai-je pas, au contraire, suffisamment donné à entendre, par les rôles que je prenais pour exemple et que j'opposais l'un à l'autre, que je ne donne le nom de comique qu'à la plaisanterie légère, que du reste j'approuve quelquefois, mais seulement quand elle est sans bornes : toutefois même dans les esprits élevés, l'habitude de la caricature peut bien donner une envie de faire des charges qui n'est pas quelquefois sans agrément.

LE GRIS.

Ah! vous m'esquivez, vous reculez.

LE BRUN.

Nullement ; — parlons maintenant du véritable comique. — Qui pourrait désavouer l'ironie qui fait le fond de la nature humaine, qui même est la condition de cette nature, et du sein de laquelle sortent, comme autant de rayons et avec la plus sérieuse gravité, la plaisanterie, l'esprit, la finesse : vouloir se dissimuler l'esprit et le caprice de la nature dans ce qu'il y a de plus beau, n'est peut-être possible qu'en devenant chartreux et en faisant vœu de silence, dit Tieck dans l'introduction de son Phantasus, quoique, sous un autre rapport, les transports convulsifs de la douleur, les plaintes les plus déchirantes du désespoir éclatent par ce rire mêlé d'étrange plaisir qu'amènent précisément la douleur et le désespoir. La connaissance complète de cette singulière organisation de la nature humaine pourrait être presque ce que nous nommons *humour*, et ainsi se connaîtrait facilement et à fond la nature de l'humoriste, qui, selon moi, ne fait qu'une avec celle du vrai comédien. Or je vais plus loin, et j'affirme que cette connaissance, ou, à proprement parler, cette *humour* prend naissance dans le cœur du comédien qui va chercher ses formes dans les plus secrets replis de l'humaine nature ; il en résultera nécessairement que ce comédien favorisé jouera avec autant d'aplomb que de vérité les rôles comiques et les rôles tragiques : ce seront deux rayons qui partiront d'un même foyer.

LE GRIS.

Je crois maintenant vous comprendre; aussi, je vous accorde en toute humilité que j'ai confondu le vrai comique et le bouffon, ou plutôt que je les ai rangés tous deux dans une même catégorie. J'ai prononcé le nom de Shakespeare, et maintenant je suis intimement persuadé qu'il n'y a que l'*humour*, comme vous en concevez l'idée, qui puisse donner la vie à ses personnages.

LE BRUN.

Assurément, — jamais poète n'a pénétré si avant dans la connaissance de la nature humaine, et n'a su la peindre avec autant de vérité que Shakespeare : ses caractères appartiennent au monde, ils dureront aussi long-temps qu'il y aura des hommes sur la terre. Comme les types vivans de l'*humour* proprement dite, qui est à la fois le tragique et le comique, il a créé ses fous; puis, ses héros portent tous le cachet de cette ironie qui, dans les momens les plus pathétiques, s'exprime souvent par des saillies fantastiques, comme les caractères de ses comédies ont souvent pour base une idée tragique. Rappelez-vous le Roi Jean, le Roi Léar, ce divertissant Malvolio (1), dont la folie bouffonne est le développement d'une idée fixe, qui

(1) Personnage de la *Douzième nuit*.

s'est nichée dans sa tête et qui y porte la plus étonnante confusion. Vous parlerai-je de Falstaff, cette merveille de la plus délicieuse ironie et de l'*humour* la plus complète? Quelle irrésistible autorité, quelle puissance doit exercer sur l'ame du spectateur le comédien réellement animé de cette franche *humour* et à qui le ciel a donné de la faire ressortir par l'accent, la parole, le geste, en un mot de la faire passer à l'extérieur? C'est un Phénix que vous possédez, si réellement votre petit Garrick est ainsi organisé, ce dont je doute, peut-être à tort, comme de tout ce qui est merveilleux, quoiqu'en effet ce ne soit pas impossible et qu'on l'ait même déjà rencontré : pour ma part je n'ai pas encore vu de tels héros, du moins dans l'histoire moderne.

LE GRIS.

J'ai en ce moment quelques doutes sur mon petit Garrick; permettez-moi de vous rappeler l'ancien Garrick, le grand Garrick, qui assurément était un comédien vraiment animé de l'*humour* intérieure et telle que vous la désirez.

LE BRUN.

Malgré l'ingénieuse description que Lichtenberg fait du jeu de Garrick, malgré l'enthousiasme spirituel avec lequel il parle du petit pli que faisait au-dessous de l'épaule gauche de Garrick son habit de gala, habit noir coupé à la française, lorsque, dans Hamlet, il lutte avec Laertes sur le tombeau d'Ophélia(1), malgré toutes les anecdotes qui racontent des merveilles de Garrick, je ne peux, si je pense à toute sa personne, me faire une juste idée de son jeu tragique. Le petit Maure d'Hogarth dans *le Chemin de la Courtisane*, qui s'effraie de la chute de la table à thé, est, comme on sait, Garrick dans Othello, et j'avoue que cette moquerie nuit peut-être à l'idée que je me fais de Shakespeare. Je suis porté à croire qu'il y a eu quelque chose de singulier dans la représentation de l'Othello de Garrick, sans cela Hogarth n'au-

(1) V. Hamlet, act. V.

rait pas eu l'idée de sa gravure. Qu'il en soit ce qu'il voudra, n'importe ; mais, certainement, il paraît que Garrick a été surpassé par Foot dans les rôles où *l'humour* était le plus nécessaire.

LE GRIS.

Dans quel cercle étroit de rôles tragiques et comiques serait renfermé le comédien humoriste s'il rejetait tout ce qui n'est pas produit par la véritable *humour ?* A la fin ses représentations deviendraient une galerie de Shakespeare, et vous êtes persuadé, aussi bien que moi, que, vu la malheureuse tendance de nos affaires théâtrales, c'est une chose effroyable que de laisser en possession de la scène ce géant que nos faibles planches peuvent à peine porter.

LE BRUN.

Il faudrait étayer de poutres solides les minces planches de nos théâtres ; mais pour élever un pareil édifice, qui semble devenir de jour en jour plus nécessaire, nous manquons d'habileté et surtout de courage : malgré cela, le cercle de ces rôles dont vous parliez ne doit pas être si petit qu'on pourrait bien le croire. Lorsque je m'élevais contre l'estime trop facilement accordée au talent multiforme de plusieurs comédiens, vous me reprochiez d'avoir trop tranché, d'avoir choisi pour exemple des rôles hétérogènes. Permettez-moi de vous citer maintenant deux rôles qui semblent le plus directemen topposés et peuvent être remplis avec une égale force et une égale vérité par le même acteur, s'il possède un talent vraiment original : je veux parler de l'Othello de Shakespeare et de l'Avare de Molière.

LE GRIS.

Étrange assertion ! — comme ces principes s'accordent avec ceux que vous posiez tout-à-l'heure ! — Mais cependant — je vois à travers un nuage que vous pouvez n'avoir pas tort; je vous prie donc d'entrer dans quelques explications.

LE BRUN.

Dans Othello comme dans l'Avare se développe une passion qui des profondeurs de l'ame s'élève à son plus terrible paroxisme. L'un commet l'action la plus épouvantable, l'autre a les soupçons les plus enracinés et les plus haineux contre toute la race humaine qu'il croit conjurée contre lui, et foule aux pieds les rapports les plus sacrés qu'établissent les liens de la nature et ceux de la société ; seulement le caractère spécial de l'une et l'autre passion amène la dissemblance de leurs effets et sépare le tragique du comique. L'amour et l'honneur enflamment le noble cœur du Maure, l'Avare trouve dans la contemplation de ses misérables trésors une jouissance qui va jusqu'au délire : tous deux blessés au cœur, attaqués dans ce qu'ils ont de plus personnel, menacés dans ce qui fait leur vie et leur bien-être, éclatent avec une fureur insensée, et, dans le moment le plus critique du drame, les rayons qui partent de leur ame se brisent, se réfractent, se réunissent vers un seul foyer pendant que l'un excite une tragique admiration et l'autre un rire moqueur.

Qui n'est saisi d'une morne frayeur à ces terribles paroles d'Othello : «Éteins la lumière!» Quel est celui qui, au milieu des éclats de rire, ne frissonnera pas d'un profond effroi, lorsque l'Avare, dans son incurable délire, empoigne son bras pour celui du voleur de sa cassette; lorsque, dans son désespoir, il cherche le coupable parmi ceux qui l'entourent? Si l'Avare de Molière est un caractère vraiment comique dont ne saurait nous donner aucune idée le chimérique conseiller Fegesack avec sa figure commune, je puis assurer aussi que la manière dont il était joué par un grand comédien, mort depuis peu, était un des contre-sens les plus étranges qui pussent se présenter. Laissez-moi vous citer un des caractères de Shakespeare où l'union parfaite du tragique et du comique produit la terreur, celui de Schylock (1). On a parlé tant de fois de ce rôle comme du plus difficile de tous

(1) Voyez le Marchand de Venise.

ceux qu'on a tirés de la même mine, que mes remarques paraîtraient venir beaucoup trop tard. Mais vous avouez que ce rôle va parfaitement à ma théorie du profond comique. Il ne peut être représenté avec force et vérité que par le comédien dont le talent aura plusieurs faces : c'est ainsi que je veux qu'on entende mon expression de talent double et multiple.

LE GRIS.

Précisément ce rôle que vous rangez, et bien avec raison, dans la catégorie des plus difficiles, mon petit Garrick le joue avec une telle perfection, que les connaisseurs les plus exigeans ne peuvent jamais lui refuser une complète approbation. Au fond, ce Schylock est un héros juif; la haine profonde et violente qu'il nourrit contre les chrétiens est pathétique, lorsqu'il s'élève au-dessus de tout autre passion et qu'il donne carrière à cet esprit terrible de vengeance auquel il sacrifie son or, ses richesses, sa fille. Sa mort est véritablement tragique et bien plus horrible que celle d'une foule de rois et de tyrans. Qu'est un verre de poison ou un coup de poignard, en comparaison de cette nullité totale d'existence à laquelle sont condamnés les Juifs, et qui, comme un poison lent, les ronge et les consume? Quand mon Garrick dit ces mots : « Je me sens mal, etc., » un froid glacial se répand dans tous les membres du spectateur dont la sensibilité est trop vive pour résister à une si violente émotion.

LE BRUN.

Mais comment se tire-t-il des scènes où le juif, dans son profond désespoir, redemande sa fille et ses ducats, de celle où on lui annonce le malheur d'Antonio qui le réjouit et où il reçoit de Jessica des nouvelles qui lui fendent l'ame ?

LE GRIS.

Ah ! je vous comprends. — C'est précisément dans ces scènes qu'il est le plus difficile de conserver toujours à sa figure une impassible expression lorsque l'ame éprouve de si grandes révolutions. Le spectateur doit rire du juif sans que celui-ci soit risible le moins du monde. C'est précisément alors que mon Garrick se montre supérieur à un grand comédien que j'ai vu autrefois jouer ce rôle et qui tombait dans cette *juiverie* usée qui ôte au rôle toute sa poésie. Ce qui l'avait probablement égaré, c'était une idée acquise dans la vie ordinaire, d'après laquelle il lui semblait que les juifs, quands ils sont tourmentés par quelque passion, prennent un ton, des gestes tout-à-fait étranges et tombent dans ces lazzis tout particuliers à eux qui ne manquent jamais de provoquer le rire du spectateur. Comment cela pourrait-il aller à Schylock dont la voix est marquée de cet accent fortement tranché que produit l'aspiration hébraïque? Ces sons étrangers de l'Orient qui donnent au rôle de Schylock une énergie merveilleuse, mon comédien a su les rendre avec vigueur.

LE BRUN.

Il n'y a qu'un pas de ce Schylock aux admirables rôles de Shakespeare qui ont pour fondement *l'humour* dans un sens différent ou beaucoup plus restreint. La conscience d'une dégradation sociale qui met l'esprit intérieur en hostilité avec les actions extérieures et terrestres, produit cette irritation maladive qui éclate par une ironie amère et moqueuse. C'est une démangeaison convulsive que ressent l'âme, douloureusement émue et blessée, et le rire n'est que l'expression de la douleur profonde d'un cœur qui soupire après une patrie. Ces caractères sont le fou dans le roi Léar (1), Jacques dans *Comme il vous plaira* (2), mais par dessus tout et dans sa plus haute expression l'incomparable Hamlet. C'est un esprit trop faible pour porter le poids dont le sort l'accable, dit-on quelque part, et moi j'ajoute que c'est principalement le sentiment profond de cette disconvenance qui ne peut entrer dans la balance avec rien au monde,

(1) Pièce de Shakespeare.
(2) Idem.

mais qui ne finit que par sa mort, qui donne à Hamlet son air faible et irrésolu. Cet Hamlet est en effet l'être qui ne peut être représenté que par le comédien qui possède *l'humour* au plus haut degré. Je n'en ai pas encore vu qui dans ces rôles n'aient pris une route tortueuse, ou n'aient mal conçu sinon tout le caractère, du moins l'une ou l'autre de ses parties essentielles, et qui, à proprement parler, n'aient représenté aucun caractère. Sous ce rapport spécial je répéterai sur Hamlet ce que j'ai déjà dit. Combien il devait agir puissamment sur l'ame du spectateur le comédien auquel il était donné de faire passer dans la vie extérieure comme autant de rayons la véritable *humour* qui est dans son ton, dans ses paroles, dans sa pantomime. Sur quel rôle a-t-on écrit plus de choses sensées, profondes, brillantes, que sur celui d'Hamlet? Il est à peine possible d'en parler plus pompeusement qu'on ne l'a fait dans Wilhelm Meister (1); mais à quoi servent aux paralytiques les meilleures leçons de danse?

LE GRIS.

Remarquez-vous bien que vous parlez toujours de plus en plus de Shakespeare? Oui, je le répète, l'expérience ne vous a-t-elle donc pas

---

(1) Roman de Goethe.

appris comme à moi qu'il est horriblement difficile de monter les pièces de Shakespeare? Croyez-moi, moi aussi j'ai été sous la puissante influence du génie de Shakespeare, moi aussi j'ai pensé en lisant une foule de ses ouvrages qu'ils devaient produire un effet gigantesque et tout écraser autour d'eux. Je n'épargnai aucune fatigue, aucune dépense de décorations ou de costumes; je suivis assidûment les répétitions, je m'efforçai de pénétrer chaque acteur de l'esprit de son rôle; tous jouèrent bien, je ne peux pas dire autrement, et cependant la pièce ne fit pas d'effet ou du moins ne fit pas celui que j'avais cru avec raison pouvoir en attendre.

LE BRUN.

Et enfin vous avez payé cher votre prédilection, votre complaisance?

LE GRIS.

Comme vous je ne puis pas le nier. — Je me suis assez convaincu que le temps des pièces de Shakespeare est passé.

LE BRUN.

Avez-vous quelquefois donné des pièces de Shakespeare entièrement conformes à l'original?

LE GRIS.

Sans doute. — Seulement avec les modifications que nécessitaient la disposition de notre théâtre et le besoin de clarté ; quelques scènes seulement furent transposées, plusieurs raccourcies.

LE BRUN.

Oh! oh! oh!

LE GRIS.

Vous ne m'approuvez pas? Mais, dites-moi, comment s'y prendre, lorsque, par exemple, comme il arrive souvent dans Shakespeare, on transporte le spectateur, on le fait voyager à un endroit éloigné pour entendre quelques mots d'une courte conversation, et qu'après un nouveau voyage, le drame marche comme auparavant?

LE BRUN.

Mon cher ami, lorsqu'en lisant une pièce de Shakespeare vous êtes tombé sur une de ces scènes, vous êtes-vous placé en esprit non sur le théâtre, mais devant? Croyez-moi, c'est alors que vous serez pleinement convaincu de la nécessité de ces scènes qui au premier abord paraissent n'avoir aucun rapport avec l'ensemble. De plus je crois très nécessaire, pour préparer ce qui doit suivre, de rappeler soudain telle ou telle chose au spectateur, ou de jeter quelque étincelle qui, plus tard, doit éclater. Rien de plus erroné que de croire que Shakespeare, entraîné par l'enthousiasme du moment et même séduit par les fantastiques images que créait la fermentation de son esprit, ait composé ses ouvrages sans aucune règle, en n'écoutant que son caprice. Le génie, dit un profond connaisseur (1), perce dans

(1) Fernow. Roemische Studien.

le plus haut degré de l'enthousiasme par le calme et la liberté. Son sujet le pénètre, l'emporte, l'inspire, mais ne le domine pas. Comme il arrive souvent dans Shakespeare, on pourrait citer les preuves les plus frappantes, que c'est précisément à l'endroit le plus difficile de chaque ouvrage dramatique, à l'endroit qui suppose la netteté la plus parfaite, le plus complet empire sur sa matière qui doit être travaillée et polie dans toutes ses parties, que la perfection se montre avec le plus brillant éclat. Je ne parle que de l'exposition de la pièce. Rappelez-vous les premières scènes de Jules-César, Hamlet, Othello, Roméo et Juliette, etc., etc.; est-il possible de maîtriser, en commençant, plus violemment le spectateur et de le transporter également par d'autres moyens dans le temps, *medias in res,* au point culminant de l'action?

LE GRIS.

Et pourtant de grands poètes ont beaucoup travaillé à ces expositions. Par exemple, Roméo et Juliette nous apparaissent sous une forme toute différente.

LE BRUN.

Ah! ne parlez pas de cette inexplicable création. Je ne peux mieux caractériser un travail comme celui dont vous me parlez, qu'en vous disant qu'il me semble une satire sanglante de nos théâtres. Portons nos regards sur Egmont (1) dont la parfaite exposition est digne de Shakespeare. Le rideau se lève, non pour nous faire entendre de longs récits sur des choses étrangères; nous voyons l'époque que le drame déroule devant nous et nous sommes témoins des événemens d'où l'action sort comme d'un germe fécond et se développe jusqu'à la péripétie. Qui croirait qu'un auteur aussi sensé, aussi maître de son sujet que Shakespeare ait composé même le moindre de ses ouvrages sans une réflexion profonde, sans la conviction la plus intime de la nécessité? Ce n'est pas la faute du

(1) Pièce de Goethe.

maître, c'est la nôtre, si souvent cette grande idée nous échappe. C'est cette incurable envie de modifier l'ordre dans lequel le poète a disposé ses scènes qui nous fait violemment séparer ce qui est uni d'après les règles de l'art, et ensuite nous sommes étonnés qu'une belle conception dont les parties ne s'accordent plus, soit devenue un ridicule avorton. Il fait vraiment pitié de voir comment de misérables écrivassiers osent traiter ce grand maître ni plus ni moins que s'il était leur égal, que dis-je, comme s'ils corrigeaient le devoir de quelques petits bambins d'écoliers. L'un commente, change, rature, l'autre change ce qui a déjà été changé, et le troisième n'est pas encore satisfait; il fait plus, il ajoute du sien accommode tout comme il peut à sa toile et à ses planches tellement que le nom de Shakeapeare sur l'affiche n'est plus qu'une misérable dérision. Ce qu'il y a de malheureux c'est que de meilleurs poètes ou plutôt de vrais poètes se laissent séduire, et deviennent eux-mêmes les complices de ces Vandales. La majeure partie du public, et je peux l'affirmer en toute certitude, ne connaît pas encore ce grand maître; car il n'a jamais vu de lui un ouvrage qui n'ait subi quelqu'une de ces absurdes mutilations qui n'ont pour elles aucune excuse, et qui ne prouvent rien autre chose que la sottise de ceux qui les ont faites. — Mais comme il m'arrive toujours quand je parle de cet admirable Shakespeare, je vois que je m'emporte plus loin que je ne devrais.

LE GRIS.

Du moins vous m'accorderez que dans presque toutes ses pièces il y a des mots qui blessent tellement la décence et les mœurs qu'il est impossible de les laisser dire sur la scène.

LE BRUN.

Il est vrai que nous sommes devenus si chatouilleux que toute grosse plaisanterie nous fait faire la moue. Nous aimons mieux voir les scélératesses de quantité de pièces françaises que d'entendre une expression qui nomme naturellement une chose naturelle; supprimez telle expression, tel mot, vous ne nuirez pas à l'ensemble, mais vous sacrifierez un de ces traits de caractères dérobés aux secrets de la nature. Lorsque, dans *Comme vous voulez* (1), le baron Tobias accable d'injures la populace qui l'a assailli, je me représente d'un seul trait toute la canaille. — Rappelez-vous encore la scène des charretiers dans Henri IV (2), et vous m'avouerez que cette scène, qui serait pour bien des gens un hors-d'œuvre sans

(1) Pièce de Shakespeare, connue également sous les noms de *la soirée des rois et de la douzième nuit.*

(2) Pièce de Shakespeare.

but, nous montre à nu et avec les plus vives couleurs la taverne de Gadshill et l'honnête compagnie dont ce prince étourdi fait son commerce habituel. — Il est vrai, nous ne pourrions maintenant représenter une pareille scène sur notre théâtre, parce qu'il nous faudrait nécessairement trop accorder aux exigences de notre admirable et méticuleuse civilisation.

LE GRIS.

Je le vois, vous ne souffrez aucun défaut dans votre protégé. — Accordez-moi qu'un pièce de Shakespeare entièrement conforme à l'original produirait sur le public un effet prodigieux et vous m'avouerez qu'on trouverait difficilement sur un théâtre assez d'acteurs distingués pour jouer convenablement les innombrables rôles de ces drames, sans en passer un seul.

LE BRUN.

Que nos théâtres soient pauvres, que nos comédiens aient perdu l'habitude de jouer tous les rôles vraiment dramatiques et que cet état de choses amène de grandes difficultés, c'est une vérité que je ne peux ni ne dois contester. Poètes et acteurs sont vis à vis les uns des autres dans une perpétuelle réciprocité. Ceux-ci donnent le ton, les autres le prennent, le bruit de ces accords excite les poètes à recommencer toujours de la même manière parce qu'ils sont certains d'avoir frappé juste et s'en réjouissent au fond de leur cœur. Il serait absurde de croire qu'au temps de Shakespeare il y eût assez d'excellens comédiens pour que le plus petit rôle fût rempli par un héros de théâtre, mais ce qu'il y a de certain, c'est que le génie du maître conduisait tout. En un mot, chacun animé de l'esprit qui devait conduire l'ensemble, pouvait agir dans le drame et tout allait pour le mieux. J'ai parlé des admirables expositions de Shakespeare; en ne considérant que cette seule partie de ses ouvrages, on voit visiblement dans quelles erreurs sont tombés nos poètes modernes qui ont travaillé pour le théâtre et comment ils ont amené la décadence de l'art dramatique.

LE GRIS.

Comment! — Les poètes de nos jours n'ont-ils pas aussi produit des chefs-d'œuvre ?

LE BRUN.

Oh! on a tissu un voile riche et brillant, et, comme le prince dans le *Triomphe de la sensibilité* (1), nous nous contentons de la poupée qui est derrière, et la reine elle-même nous devient indifférente. En quoi consiste donc proprement cette force divine du drame qui agit sur nous irrésistiblement et plus qu'aucune autre production de l'art?

(1) Pièce de Goethe.

fait-elle autre chose que d'évoquer d'un coup de sa baguette magique les événemens merveilleux d'une vie fantastique pour les faire passer sous nos regards? Existe-t-il rien de plus contraire à la nature du drame, de plus capable de paralyser sa force et ses effets, que de nous raconter seulement les faits que nous espérions voir de nos propres yeux?— En effet, Shakespeare nous donne l'exposition de la pièce dans une action vive et animée, tandis que d'autres nous fatiguent par d'ennuyeux récits et nous inondent de beaux mots et d'agréables paroles qui ne laissent dans l'esprit aucune vivante image. Mais il ne faut pas parler seulement

des expositions; dans la plupart
des grands faits principaux, des
grandes actions politiques, l'action
est aussi nulle que l'intérêt, ce ne
sont que des exercices de rhétorique
qu'ils viennent l'un après l'autre
débiter avec de pompeuses paroles,
qu'ils soient rois, héros ou valets.
J'irais trop loin si je voulais expliquer comment, selon moi, nos
poètes se sont peu à peu éloignés
du véritable art dramatique; l'on
peut affirmer que Schiller, bien
qu'il possède une vigueur d'expression à laquelle il n'est pas facile
d'atteindre, a été, malgré sa magni-
ficence et sa majesté, une des premières causes de cette révolution.
Une certaine exubérance qui pro-

duit vers sur vers paraît être un des caractères particuliers de sa poésie.

LE GRIS.

Vous prenez l'antique Shakespeare tellement sous votre protection, que vous voulez le trouver absolument sans défaut ; mon poète, à moi, c'est Schiller ; j'ai la plus grande admiration pour lui, pour lui qui brille comme un astre resplendissant au-dessus des poètes les plus célèbres : — voulez-vous de l'action, où sera-t-elle plus riche que dans Guillaume Tell ?

LE BRUN.

Ai-je donc voulu blâmer ce grand homme ? — je n'ai parlé que du *pecus imitatorum* qui ne s'élève jamais au-dessus de la médiocrité, son élément. Il est né une grande dispute sur la question de savoir jusqu'à quel point on pourrait appeler Schiller un poète véritablement dramatique. Il est hors de doute qu'un aussi beau génie devait avoir une connaissance approfondie de la vraie poésie du drame : on ne saurait méconnaître les efforts qu'il fit plus tard pour la réaliser. Vous parliez de Guillaume Tell, comparez-lui Don Carlos (1) : quelle distance ! quel abime entre ces deux drames ! Comme je crois que Don Carlos est entièrement anti-dramatique, je vous accorde, avec une

(1) Pièce de Schiller.

entière conviction, que Guillaume Tell est un vrai drame, du moins dans les premiers actes. L'admirable et majestueuse exposition de ce chef-d'œuvre prouve combien le vrai poète a peu besoin du récit, qui, quelque beau, quelque bien écrit qu'il puisse être, ne suffira jamais pour échauffer le spectateur. Mais beaucoup de poètes modernes n'ont pas même été jusqu'au récit; et, à proprement parler, une foule de tragédies ne sont autre chose que le récit d'un crime, débité en vers joliment arrangés, avec des expressions recherchées que l'on met dans la bouche de plusieurs personnages de tout âge et de tout état : puis s'exécute l'arrêt obligé et le supplice du coupable meurtrier. Enfin, nos poètes ont abandonné la vraie poésie du drame pour tomber dans la rhétorique, et ont entraîné avec eux nos acteurs, qui, de leur côté, attachent un trop grand prix à la partie matérielle de leur art.

LE GRIS.

Il vous est donc impossible de ne pas blâmer les efforts de nos artistes, pour parler dans toute l'étendue du mot?

LE BRUN.

Eh! une déclamation correcte est la base de tout; mais seule elle ne saurait suffire : on peut très bien déclamer un rôle et pourtant tout défigurer de la manière la plus pitoyable. Un phénomène tout-à-fait spécial, mais très facile à expliquer, c'est que l'on déchire l'art dramatique, et l'on nous représente un à un les membres de ce corps mutilé. Pendant que les uns se tiraillent ou ressemblent à de muets automates, prenent d'étranges postures, ou, comme Grimacier (1), font toute espèce de contorsions, d'autres déclament à s'enrouer dans des concerts dramatiques; et afin que rien ne manque à ces extravagances, la musique doit accompagner de ses magnifiques accords ce bruyant et insipide bavardage.

(1) Personnage de la comédie allemande.

Ce désordre était trop pénible pour qu'on pût le supporter longtemps. — Mais je reviens à mon thème primitif. — Par cela même que les ouvrages de nos poètes, qui ne sont plus que de simples rhétoriciens, ont déshabitué les comédiens de la vraie poésie dramatique, il leur devient difficile et même impossible de représenter les rôles de Shakespeare, qui n'ont pour fondement que ce qui est de l'essence du drame. Il ne s'agit pas seulement de déclamation : celui qui aborde Shakespeare doit être comédien dans toute l'étendue du mot, et il ne s'ensuit pas encore que chacun de ses rôles exige un comédien consommé. Un talent médiocre, qui ne s'occupe que de l'action, qui agit et se meut comme un personnage vivant, peut au fond l'emporter sur un comédien beaucoup meilleur qui se fatigue continuellement à saisir les paroles et oublie tout ce qui se fait autour de lui. Il y a encore un point digne de remarque. Précisément parce que c'est dans la représentation extérieure que les vrais caractères dramatiques doivent produire de l'effet, souvent le personnage de l'acteur est tellement en opposition avec le caractère à représenter, qu'on a pris une peine inutile en voulant faire illusion au spectateur : ici la vanité, compagne de la sottise, vient puissamment au secours du comédien qui n'est que déclamateur. Voici comment il raisonne : « Il est vrai, dit-il, mon organe est faible, mes mouvemens sont incertains comme ceux d'un malade, tout enfin paraît être en contradiction avec la nature du héros que j'ai entrepris de représenter; mais qui peut aussi bien que moi débiter ses rôles avec expression, avec justesse dans l'intonation? c'est un assez beau dédommagement de ce qui peut me manquer. » Le comédien se trompe, car au lieu d'avoir devant les yeux le héros de la pièce, le spectateur ne voit qu'un individu qui raconte en jolis vers les faits et gestes du héros, qui tâche de le faire comme s'il était le héros lui-même; alors on ne peut que rester froid et incrédule. Si le rôle exige un développement de forces physiques qui manquent au comédien, et s'il se tire d'affaire au moyen de quelque supplément de son choix, il court risque de faire rire à ses dépens et de faire piteusement tomber l'ouvrage : c'est encore plus fréquent dans les rôles de femmes, qui souvent sont entièrement composés d'après l'extérieur des actrices ; rappelez-vous Turandot.....

LE GRIS.

Ah! Turandot! ce nom éveille en moi un souvenir qui me cause encore une agréable sensation ! Il y a plusieurs années, je traversai encore très jeune une partie de l'Italie : à Brescia, je trouvai une petite troupe qui, chose rare en Italie, donnait des drames. Nous fûmes grandement étonnés, mon compagnon et moi, d'y voir encore au théâtre Gozzi, qui était, bien à tort, tombé dans l'oubli. En effet, on avait annoncé pour le lendemain soir Turandot, *Fiaba chinese-teatrale tragi-comica, in cinque Atti.* Un jour auparavant le hasard m'avait fait voir de très près l'actrice qui devait remplir le rôle de Turandot : elle était d'une taille moyenne, non pas précisément belle, mais jamais je n'ai vu une personne mieux proportionnée, ni qui eût plus de grace dans les mouvemens ; elle avait le visage ovale, un nez bien formé, des lèvres légèrement relevées, de beaux cheveux d'un brun foncé, mais, par-dessus tout, de grands yeux noirs qui brillaient d'un éclat céleste et cette voix de contralto des Italiennes qui, comme vous savez, va droit au cœur. A son entrée en scène et dans la première partie de la pièce, elle se montra comédienne accomplie. Les expressions manquent pour peindre quelle vive et profonde émotion s'empara de l'ame des spectateurs, lorsqu'à un regard de Calaf elle dit doucement à Zélima ces paroles remarquables, dans lesquelles les fils les plus déliés concourent à former le nœud de tout le drame :

Zelima, o cielo ! alcun oggetto, credi
Nel divan non s'espose, che destasse
Compassione in questo sen. Costui
Mi fa pieta (1).

Mais lorsque Calaf eut deviné deux de ses énigmes, et qu'elle lui eut dit la troisième d'une voix sombre et solennelle, lorsqu'elle s'avance dans une éblouissante majesté, lorsqu'elle relève tout-à-coup le voile qui lui couvrait le visage, l'éclair meurtrier parti de ses yeux qui brillaient des rayons d'un feu céleste ne pénétra pas seulement dans le cœur de Calaf, mais encore dans celui de chaque spectateur.

(1) Zélima, ô ciel, crois qu'il n'a paru dans le divan aucun objet qui n'excitât la compassion dans ce cœur : j'en ai vraiment pitié.

Guardami'n volta, e non tremar. Se puoi
Spiega, chi sia la fera, o a morti corri ! (1)

Qui n'eût senti tous les frémissemens du plaisir le plus doux, des transports les plus délicieux, de l'admiration la plus exclusive, mettre en mouvement tout son être? Qui, dans sa béatitude, ne se fût écrié, comme le désespéré Calaf :

O belleza ! o splendor !

LE BRUN.

Remarquez bien, si votre signora n'avait pas eu ces yeux brillans, quel effet aurait produit la scène principale de tout le drame? Je voulais précisément vous parler de Tu-

(1) Regarde-moi une fois, ne tremble pas; explique si tu peux l'énigme, ou cours à la mort!

randot comme d'un des rôles les plus difficiles, à cause des prétentions qu'il donne aux actrices. Une artiste accomplie pourra seule concevoir l'héroïsme ou plutôt la fureur délirante de Turandot, sans rompre le charme sous la puissance duquel nous met ce sexe enchanteur : en outre, cette artiste accomplie doit être jeune et jolie, et même si jolie qu'avec tous les petits pots de rouge du monde on ne saurait l'égaler.

Si elle ne regarde pas Calaf avec des yeux étincelans, comme votre comédienne de Brescia, si lorsqu'elle rejette son voile son visage a seulement une légère expression d'indifférence, la confusion de Calaf et toute la scène deviennent ridicules : du reste, j'ai été assez heureux pour voir une Turandot allemande qu'on peut très bien mettre à côté de votre actrice de Brescia, et un Altoum si parfait, si excellent, qu'il ne me reste plus rien à désirer. Ma majesté portait un énorme chapeau chinois et se remuait dans ses lourds vêtemens avec lenteur et avec une solennité pathétique, comme il convient à un empereur fabuleux : avec son imperturbable gravité, son air continuellement ému lui donnait une physionomie singulière. Elle portait à la main un grand mouchoir d'une forme toute particulière, avec lequel elle essuyait ses larmes dans

le divan, assise sur son trône ; puis
sa voix se mêlait, comme les grelots
d'un chapeau chinois, aux paroles
touchantes qu'elle adressait souvent
à Turandot. L'acteur avait parfaitement saisi la profonde ironie de
cet excellent rôle. Lui, Turandot, et
Adelma, la comédienne la plus accomplie qui ait jamais existé, me
causèrent beaucoup de plaisir, et
compensèrent pour moi la pauvreté
des autres rôles qu'il fallait attribuer
du reste à la mauvaise direction
de leurs études. Encore ici l'erreur
d'un grand poète prouve cette vérité
que j'ai émise qu'en général une imi-
tation est une pauvre chose. Si on la
compare avec l'original, on ne voit
pas bien comment il fut possible à

l'imitateur allemand d'effacer les traits les plus saillans, et surtout de représenter des personnages si caractérisés d'une manière si insipide et si pâle.

FIN DU TOME PREMIER.

VIGNETTES

POUR LES

OEUVRES COMPLÈTES

DE

E. T. A. HOFFMANN

D'APRÈS LES DESSINS

DE MM. TONY JOHANNOT ET ZIEGLER,

Gravées sur bois par Porret.

Il paraîtra une Livraison de 4 Vignettes par Livraison de texte.

PRIX DE CHAQUE LIVRAISON :

Sur papier ordinaire. . . 2 fr.
Sur papier de chine. . . 3 fr.

PARIS, IMPRIMERIE DE E. POCHARD,
RUE DU POT DE FER N 14.

www.ingramcontent.com/pod-product-compliance
Lightning Source LLC
Chambersburg PA
CBHW071947160426
43198CB00011B/1579